JN072797

57人のおひめさま

一問一答カウンセリング

迷えるアナタのお悩み相談室

文・秋カヲリ

絵・momomosparkle

プロローグ

満月の夜。悩みで頭がいっぱいだったあなたは、道を一本間違えてしまいました。
はっとして顔を上げると、薄暗い路地裏におばあさんが座っています。提灯の濃いオレンジに妖しく照らされた顔には、風格ある皺がくっきりと浮き上がっていました。正面の机に一冊の本が置かれています。

目が合うなり手招きされ、あなたはおそるおそる近づいていきました。

「あんた、悩んでいるんだろう。だからこんな路地裏に入ってきた」
「えっ、どうしてわかったんですか」
「そりゃあ、辛気くさい顔をしてるからだよ」

おばあさんはくつくつ笑って続けます。

「私がここで何をしていると思う？」

「え？　うーん、占いですか？」

「違う違う、イタコだよ。口寄せをするのさ」

「口寄せって……亡くなった人を憑依させて、話すやつですよね」

——オカルトだ、あやしい。

いぶかしげに眉をひそめるあなたに、おばあさんはぐいと顔を寄せます。

「信じてないねえ。でも、口寄せであんたの悩みは軽くなるよ」

おばあさんは机の上の本を手に取り、目の前に突き出しました。

「この本の中に、たくさんのおひめさまがいる。

さまざまな国のさまざまな時代を生きたおひめさまが、あんたの悩みに答えてくれるだろう」

「相談したら、今の悩みがなくなるんですか？」

「すぐに溶けてなくなるほど、あんたの悩みは矮小なのかい？　ネット世代はすぐに答えを欲しがるからいけない。そんなちっぽけな悩みならネット検索でもするんだね」

「だって、おひめさまが答えてくれるって言うから！」

「おひめさまは、ぐるぐる悩んでいるあんたに気づきや選択肢を与えて、光を見せるだけだ。その光の下へ行くも行かないもあんた次第だよ」

「あくまでアドバイスってことですか？」

「そうだよ。自分で決断して行動しなければいつまでも強くなれない。またすぐ壁にぶつかって悩むだけさ」


なーんだ。ちょっとがっかりしながら本を開くと、たくさんの悩みがずらりと並んでいます。今あなたが抱えている悩みや、前に抱えていた悩み、これから抱えそうな悩みもありました。


「気になる悩みを選んでごらん。相談相手にぴったりなおひめさまを呼んであげるから」

「本当に……？　そもそも、なんでおひめさまなんですか？」

「おひめさまはいつかのどこかのヒロインで、その舞台の主役を張る実力の持ち主だ。あんたの人生の主役は、もちろんあんた。おひめさまから主役たる生き様を学びなよ」

——なんだかよくわからないけど……ダメでもともと、渡りに船、悩みに老婆。試しに聞いてみよう。

「じゃあ、お願いします」
「はい、1600円」
「お金取るんですね」
「取るよ、これで生きてるんだからね」
「じゃあ……この悩みについて相談したいです」

お金を渡し、おずおずとひとつの悩みを指さすと、おばあさんは両手を提灯にかざしました。

橙色の光が大きく揺れ、流星群が降り注ぐようなきらめきに包まれた瞬間——凛としたおひめさまの声が聞こえてきたのです。

目次

（カッコ内は相談に答えるおひめさま）

恋愛の悩み

心と体の悩み

家族の悩み

No.1

人魚姫

［にんぎょひめ］

国 デンマーク

出典 『人魚姫』

人魚姫は王子に一目惚れし、溺れる王子を浜辺まで運んで助けたが、娘がやってきたのであわてて隠れる。王子は娘に助けられたと勘違いして恋仲になってしまった。人魚姫は王子と会うため美しい声と引き換えに人間になったが、王子が自分以外と結婚したら消えてしまう呪いにかかる。王子と娘の結婚が決まり、姫は「王子を殺せば助かる」とナイフを渡されるが、愛ゆえに殺せず海へ身を投げ、泡となり消えた。

Q1

恋愛の悩み

浮気され、振られました。恋人のことも、浮気相手のことも許せません。

人魚姫の回答

怒りは立ち直りの第一歩。負の感情を受け入れれば、涙が光に変わります。

さぞかしおつらいでしょう。今は怒りや悲しみで希望の光が見えず、苦しい気持ちでいっぱいですよね。私も王子様が結婚すると聞いたときは、悲しみに溺れてしまいました。でも、今あなたが「許せない」と思っているなら、すでに立ち直りの一歩を踏み出しています。**人は【否認→怒り→あきらめと受容→希望】という順番で立ち直るのです**。事実を否認していると、いつまでも立ち直れません。恋人が浮気した事実を拒絶せずにきちんと認めているから怒りを感じ「許せない」と思うのです。そのうえで自分の心と向き合っている。あなたはとても強く、立派です。

今は怒りに身を焼かれるようでも、どうかそっと胸に手を当てて「なぜ怒っているのか」を考えてみてください。怒りの根っこには「彼を信じたかった」「真摯に愛してほしかった」といった無垢な願望がありませんか？　怒りの本質は、自分の願いが叶わなかった悲しみです。そう思うと、少し感情のトゲが和らぎます。

あなたは悲しんでいいのです。自分の感情を無理に押し殺したり否定したりせず、言葉や涙にして遠慮せず吐き出してください。信頼できる友達に打ち明けたり、失恋ソングを聞いて号泣したり、ノートに今の気持ちを思うまま書き出したりして、感情を自分の外に出しましょう。吐き出すことで怒りや悲しみが和らぎ「本当はどうしたいか」が見えてきます。

負の感情もあなたの一部。あなたは悲しみ、怒っているのです。その事実をまるごと受け入れるだけで、呼吸しやすくなります。これが立ち直りの3歩目【あきらめと受容】です。しょうがないとあきらめ、傷ついている自分をまるごと受け入れた先に、希望の光が差し込みます。

自分の立ち直る力を信じてください。私にはそれができませんでした。事実を、悲しみを受け止められず、海の底へ逃げてしまったのです。一時的な絶望で希望を殺してはいけません。**希望は絶望の先にあります**。涙の海を越えて、光の国に行きましょう。そのすばらしい二本足で立ち上がり、一歩踏み出してください。

さあ、前へ。


怒りの根にあるのは悲しみ。

怒りに溺れると希望を見失います

No.2 ［おりひめ］

織姫

国 中国

出典 『牛郎織女』

勤勉な織姫と彦星は結婚して仲睦まじく暮らしていたが、そのうち遊び暮らすようになり、すっかり仕事をしなくなった。怒った天の神様は、戒めるために天の川を隔てて夫婦を引き離す。しかし嘆き悲しむばかりで一向に働こうとしない。そこで「真面目に働くなら7月7日だけ会わせてやる」と約束したところ、織姫と彦星はきちんと働くようになり、毎年7日7日の夜だけ会うようになった。

Q2

恋愛の悩み

マンネリしてしまって、セックスレスで悩んでいます。解決策はあるのでしょうか。

織姫の回答

解決策は「セックスすること」ではなく「愛を実感すること」じゃ。愛さえあれば、セックスの有無に囚われぬよ。

わらわと彦星は年に1回しか会えない遠距離恋愛カップルだが、実はマンネリ知らずの夫婦なのじゃ。怠惰すぎて引き離されて超遠距離になったおかげで彦星との仲は再熱。ダメ夫婦なものの、マンネリ打破のコツは知っておる。

マンネリは慣れによるものだが、地上では「場所を変えろ」「下着を変えろ」などナンセンスなアドバイスばかり駆け巡っているようでため息が出るわ。1年未満の仲なら効果があるやもしれぬが、長い付き合いになるとそんな付け焼刃でどうこうなるものではない。

メリハリをつけるため、精神的にも肉体的にも距離を置く必要がある。性的欲求は適度な距離感から生まれるものだからな。たとえ一緒に住んでいても、お風呂は別々に入る、寝室あるいはベッドを分けるなど、独りの時間や空間を持つことで相手を欲する気持ちが生まれるじゃろう。心も体も適度な距離感を保ち、腹五分目に抑えることじゃ。「二人で一つ」ではなく「独りと独り」の関係を保たねばならぬ。

それでもすでに家族のような関係になっていたら、いまさらセックスレスを解消できないこともある……というか、解消できないことのほうが多いじゃろう。まあ安心せい。実はセックスレスという悩みの本質は、セックスをしていないことではない。「セックスしなければ満たされない」と思考停止しているんじゃろうが、それは悩みの表面だけを見た思い込みだ。そなたが苦しいのは「女性として愛されていないのでは？」という不安や「もっと女性として愛されたい」という願望が満たされないからじゃ。たとえセックスがなくとも、女性として愛されている実感が得られれば満たされる。セックス三昧だろうがセックスレスだろうが、**相手からの愛をじゅうぶんに感じられれば満足できる**のじゃ。

愛の形は人それぞれじゃが「愛＝セックス」ではないぞ。愛のないセックスなんて天の川ができるくらい無数に転がっているからな。おざなりなセックスなんぞより、接吻、抱擁、愛の言葉、思いやりなどで心が満たされる人のほうが多いじゃろう。心を満たす最適解は、そなたが自分自身で見つけるのじゃ。それを相手に伝えて、受け取ればいい。

愛＝……何じゃ？


「愛＝セックス」ではない。そなたが求める愛の形は何じゃ？

No.3

眠り姫

［ねむりひめ］

国　ヨーロッパ

出典　『眠れる森の美女』

姫の誕生会に招待されなかった魔法使いは姫を恨み、15歳で死ぬ呪いをかける。姫を憐れんだほかの魔法使いは、100年後に目を覚ますよう呪いを弱めた。姫は15歳で深い眠りに落ち、城は茨に包まれだれも入れなくなった。ちょうど100年後、美しい姫がいると噂を聞いた王子がやってきた瞬間に呪いが解け、城の茨が消える。王子のキスで目を覚まし、恋に落ちたふたりはすぐに結婚した。

Q3

恋愛の悩み

失恋を引きずっていて苦しいです。前に進むにはどうしたらいいですか?

眠り姫の回答

引きずっているのは失恋相手じゃなくて幸せだった過去。新しい人とキスして、最新の幸せで上書き保存しちゃお。

忘れちゃダメなことは忘れちゃうけど、忘れたいことは憶えてるもんだよねえ。恋が叶わなかった相手って、その代表格。しばらく胸がちくちくして、名前を聞くだけで息苦しいもん。

失恋した相手をずっと忘れられないのは、好きな人との幸せな思い出を手放したくないからだよ。だって、その人に恋しているときのドキドキがクセになってるんだもん。恋のときめきを与えてくれた相手をあきらめるのは、甘く満たしてくれる心の蜜を奪われるようなものでしょ？　失恋すると「心にぽっかり穴が空く」って言うもんねえ。

でも、**あなたが本当に手放したくないのは「失恋した相手」じゃなくて、「幸せな過去」**。恋のときめきに満たされていた日々が忘れられないの。「この幸せがずっと続くはず」って甘い夢を抱いたまま、眠っていたかったんだもんね。なのに急に夢から覚めてつらい現実に直面しているから、心が現実を拒絶しているの。

あなたが望んでいるのは、好きな人と結ばれて幸せになること。それはこれからの恋でいくらでも叶えられるよ。別れてこの世の終わりみたいに落ち込んでいた人が、数か月で新しい人と付き合ってメロメロにとろけちゃったりするでしょ？　**新しい恋をすれば、どんなに大きな喪失感も乗り越えられる**から、大丈夫だよ。

7割の人がたった3か月で失恋を乗り越えるんだって。人ってたくましいねえ。今だって、失恋直後に比べたらだいぶマシになっているでしょ？　時間薬って言葉があるように、時間は少しずつ傷を癒してくれるの。果報は寝て待てって言うじゃない？　私みたいにただ寝て待っているだけでも楽になるんだもん、助かるよねえ。

無理に忘れようとするとかえって苦しくなるから、今は相手との思い出に浸ってね。幸せな記憶は捨てなくていいの。でも、相手の悪いところも思い出して。いいところばかり思い出すと恋が再燃するけど、悪いところを思い出すと「あまり素敵じゃなかったかも」って冷静になれるの。そうして古い恋の夢から覚めたとき、新しい恋がキスしてくれるよ。

手放したくないのは
「今のあの人」じゃなくて
「過去のときめき」だよ。

たのしいトキもあったけど…
TVみたいし
デートやめよ
お別れして
正解だったナ♡

No.4 ［かいこになったおひめさま］ 国 ベトナム 出典 『カイコになったお姫さま』

カイコになったお姫さま

王様が盗賊にさらわれ、姫は心配でやせ細ってしまった。妃が「王様を取り戻した者と姫を結婚させる」とおふれを出したところ、馬が王様を連れ戻した。馬は大事にされたが、姫が近づくと暴れるため王様が「姫と結婚したいのか」と聞くと大きく鳴いた。怒った王様は馬を殺してはいだ皮を木からぶら下げた。心を痛めた姫が馬に謝ろうと近づくと、皮にくるまれてしまう。馬と結ばれた姫は天高く舞い上がったあと繭玉になり、やがて世界初のカイコとなった。

Q4

恋愛の悩み

さみしいとすぐ体の関係を持ってしまいます。好きじゃない人と体を重ねるのは悪いことですか？

カイコになったお姫さまの回答

悪ではありませんが害ですわ。一瞬の快楽は心のジャンクフード、孤独を深めます。

心の穴を、体で埋めようとしていらっしゃるのね。いかがですか、さみしさは埋まりましたか。正直なところ、その刹那は満たされても、事後はよりさみしさが際立ったのではと案じておりますわ。だって**心と体は別物、代替不可能**ですから。

確かに体を重ねて癒されることもあるでしょう。ただ、それは信頼できる相手に限られますわ。心を委ねられなければ、体を委ねても不協和音が連なるだけ。あまり**簡単に体の**

関係を結んでいると、すぐに性行為で心を満たそうとして、依存するようになってしまいますわ。軽率な性行為は精神のジャンクフード、咀嚼する瞬間の快楽こそあれど、心をゆっくり蝕みます。

さみしさは性行為では解消されません。あなたの抱えるさみしさは、愛への渇望、孤独感、虚しさなどから芽吹いています。本当はそこまで性行為が好きなわけではなく、たださみしさから逃れたいだけなのではありませんか？

どうか、さみしさの根にある欲求を見つめてくださいませ。愛されたい、自分が嫌い、孤独を感じたくない、必要とされたい……強い欲求があるでしょう。私と結婚したがり殺されてしまった馬も、本当はただ愛されたかったんだと思います。こうした欲求を満たす手段は、さほど好きではない方との性行為ではありませんわ。

とはいえ、すぐにあなたの欲求を満たすのは至難の業。心の奥底に眠る願望を見つけ、受け入れ、昇華させるよりも、手近な方に抱かれるほうがはるかに早く、楽でございましょう。でもそれを続けている限り、底なしのさみしさに囚われ続けますわ。すぐ欲求を満たすことは叶わなくとも、目の前の相手と寝ずに家に帰ることはできますでしょう。今できることをするのです。あなたの心は、他人の体でなく自分の行動で満たしてくださいませ。その積み重ねが、見違えるような未来を作るのですわ。

すでに今さみしいのですから、目の前の孤独を恐れなくてよろしいのです。誘惑に負けてはなりません。無数に体を重ねてきたあなたなら、衝動的な性行為が愛を遠ざけることをご存じでしょう。有象無象の男性に抱かれても心と体を消耗するだけ。自分で自分を抱いて差し上げて。自分の抱き方は、次のページでクジャク姫が教えておりますわ。

体を重ねても心は満たされないこと、ご存じでしょう

No.5

クジャク姫

［くじゃくひめ］

国 中国

出典 『クジャクの舞』

山奥で道に迷った狩人は、湖で7羽のクジャクが羽衣を脱ぐと美しい娘に変身したのを見て、下の娘・クジャク姫に一目惚れした。次の日、姫の羽衣を隠してクジャクに戻れないようにした狩人は、姫にプロポーズして結婚する。やがて王様に捕えられそうになった姫は、羽衣でクジャクに戻り、クジャク山に帰ってしまった。狩人は魔法の弓矢を使ってクジャク山に行き、姫と再会する。そしてまた二人で仲良く暮らした。

Q5

恋愛の悩み

恋愛に依存していて、恋愛なしでは生きていけないし、恋人に尽くしすぎてしまいます。

クジャク姫の回答

自分を愛していないから、愛されないと生きられない。人から愛されるためでなく、自分を愛するために生きて。

あらかじめ言っておくと、依存はすぐに治らないよ。でも、変わるための行動を続ければ絶対に改善できる。依存を自覚して、こうして本を読んでいるなら上出来！　回復ルートにばっちり入ってるよ。時間はかかるけど「変わりたい」って思いを忘れずに、じっくり治していこうね。

まず、**依存するときのパターン**を考えてみて。付き合うと尽くすようになるとか、半同棲すると上下関係ができるとか、依存するまでの流れがあるでしょ。それがわかったら紙に書いて、自分を客観視しよう。そのパターンで幸せになったことはある？　ところん尽くすことで相手がやさしくなったり、愛が深まったりした？　かえって雑に扱われたり、感謝されなくなったりしたんじゃないかなあ。だったらそのパターンはやめたほうがいいはずだけど、繰り返してるのはどうしてだろう？

きっと、恋人に尽くすことで愛されたいんだよね。なのに大切にされなくて苦しい。そうでしょ？　あのね、自分が好きじゃないから他人に愛されたいんだよ。でも「こんな自分じゃ必死で尽くさないと愛してもらえない」って思ってる。つまり、あなたが自分を認めてないから依存して、尽くしちゃうんだよ。自分を好きにならないと恋愛依存から抜け出せないんだなあ。私はクジャク姿の自分も好きだから、王様に捕まりそうになった時はすぐクジャク山に帰ったよ。狩人に依存してたら逃げ出せずに囚われの身になって、苦しい人生を送ってたかもね。

「もっと愛されたかった」って強く感じている、苦しい思い出があるんじゃないかな。しんどいだろうけど目を閉じて、心の中でタイムスリップしよう。当時の自分に「もう大丈夫だよ」と言って、抱きしめてあげて。過去の悲しみを癒して、今と切り離そう。うまくいかなくても、何度も繰り返して。傷を癒せたら、恋愛にしがみつく力が少しずつ弱くなるよ。

そして、恋愛以外の趣味や仕事に打ち込んで、自分のために心と体を使おう。最初は物足りないかもしれないけど、それでも続けてみて。自分を愛する行動を続ければ、本当に愛せるようになるから。自分を愛せればどんなにつらかった過去も変えられるよ。自分を否定して軽んじるのは、もうおしまいにしよう。

もっと愛されたかったんだね。大丈夫、あなたは自分を愛せるから

ありがとう
未来の私!!
私も
あいしてるヨ
あんたは
大丈夫!!
あいしてるヨ!!

清姫

No.6 「きよひめ」

国 日本

出典 『安珍・清姫伝説』

美しい僧・安珍が参拝に訪れ、清姫の家に泊まった。安珍に一目惚れした清姫は夜這いしたが「参拝中だから無理だ、帰りにまた立ち寄る」と断られ、そのまま安珍は帰ってこなかった。騙されたと気づいた姫は慌てて追いかけたが、安珍は「人違いだ」と嘘をついたうえに、神・熊野権現に頼んで清姫を金縛りにして逃げた。怒った姫は蛇に化けて案珍を焼き殺し、そのまま入水した。

Q6

恋愛の悩み

嫉妬深く、いつも束縛してしまいます。どうしたら許せるようになりますか？

清姫の回答

許すんじゃない、信じるんだよ。相手を信じていたら、束縛で支配しようとしないだろぉ？

どうしたら許せますかって、あんたも自己中だなぁ。完全に上から目線じゃん。**嫉妬心は独占欲から生まれるんだよ。相手を自分のモノだと思っているから、思い通りにコントロールしようとして縛りつける**わけ。いわばジャイアンとのび太だよ。あんたがジャイアンで、相手はのび太。なかなか暴力的だろぉ？

愛しているから嫉妬するってのは嘘。**嫉妬は他者への愛ではなく自己愛、ナルシシズム**

なんだよなあ。「傷つきたくない」っていう我が身かわいさで、相手を支配してコントロールしようとするわけ。私もやったことあるよぉ。脈なしの安珍を追いかけ回して、焼き殺しちまった。もちろん、アイツの気持ちなんてまったく考えていなかったよ。本当に愛していたら尊重するはずじゃん。

あたしたちは一人ひとり違う人間で、それぞれの間に境界線がある。なのに、恋仲だからって無理やり境界線を塗りつぶして、ひとつになろうとすんなよぉ。相手は一方的な支配に怯えて、あんたと距離を置こうとするよ。それを察知したあんたがもっと束縛するっていう悪循環にハマっちまう。実際「一心同体だ」って考える夫婦は離婚率が高くて、ケンカが絶えないんだってさ。

束縛での支配をやめるには、不安を受け入れて相手を信じることだ。あんたは愛される自信がないから、相手を縛りつけて支配することで安心しようとしてる。恋人の愛を信じてないってことさ。だから縛りつけないとどこかに行っちまうと思ってる。そんな自己中な束縛は愛じゃなくて心の暴力、精神的DVだよなぁ？

これまで束縛して心から安らぎを感じたことはあったか？　あんたの心は満たされた？

相手との関係は良くなった？　余計に不安になったり、妬ましく思えたり、思い通りにならなくて苛立ったりしなかった？　相手に嫌がられて、距離を置かれなかった？

束縛する前に「なんで束縛しなきゃ安心できないのか」じっくり考えな。過去の恋愛を今に重ねてない？　過去は過去、今は今だよ。幸せになりたいなら、あんたが目の前の愛を信じなきゃ始まらない。早いとこ改めないと、私みたいに自分も相手も再起不能の破滅ルートに入っちゃうよぉ？

束縛って、人間不信者がやる精神的DVだよなぁ？

No.7 ［つるみのひめ］

鶴見の姫

国 日本

出典 『ききょう物語』

鶴見山の精である姫と由布山の精は幼い頃から仲が良く、由布は姫と結婚したいと思っていた。ところが九住山の精が姫に一目惚れし、求婚。初めて男性から口説かれた姫は了承してしまう。すると、由布からキキョウの花と「故郷を忘れないでくれ」という手紙が届き、いつも優しかった由布のことを思い出す。姫はそのまま裸足で由布のもとへ駆けていき、由布と永久に結ばれた。

Q7

恋愛の悩み

今の恋人にときめかず、このまま付き合い続けていいのか悩んでいます。結婚と恋愛は違うと言いますが、愛にときめきは不要でしょうか？

鶴見の姫の回答

ときめきには賞味期限がありますの。恋人の存在をまるごと受け入れられるか考えるんですのよ。

アラサー女性のあるあるですね。私も、ずっとやさしくしてくれた由布がいながら、一瞬のときめきに揺らいでしまった人間ですの。由布からはドキッとするようなアプローチが一切なく、ふらりとやってきた旅の方から情熱的に告白され、すっかり心を奪われてしまったんですのよ。結局、やさしい由布のもとへ戻りましたが……。

「そもそも恋愛と結婚は違うのか」という問いは、イエスでもあり、ノーでもあります。

恋愛も結婚も根っこにあるのは愛情ですが、恋愛は求め合い、結婚は許し合いですの。恋愛は短期的にも楽しめますが、結婚は長期的に日々を紡いでいくもの。命の果てまで連れ添う相手とずっと求め合うのって疲れませんこと？　どんなに愛しくても魂が違う者同士、自分とは違う意見を受け入れ、許し合わなければ心地よく添い遂げることなどできません。これは結婚という形に限らず、あらゆる愛に通ずることですの。

ときめきには賞味期限があるんですのよ。身を焦がすような熱情も、息苦しくなるほどの恋心も、大体1年〜1年半で落ち着きます。恋は盲目といいますが、盲目な期間にはタイムリミットがあるということ。ときめきの魔法から覚め、冷静になって相手を見たとき、かけがえのないパートナーだと思えるでしょうか。今までときめいた相手が、運命の相手だったことはありますか？　ときめきは持続しましたか？　おそらくNOですよね。恋の輝きは永遠のダイヤモンドではなく、刹那の花火なのです。

あなたが末永く続く愛を望むなら、ときめく行為をしてくれる相手は恋にぴったりですが、末永く続く愛を望むなら存在をまるごと受け入れられる相手を選ぶんですのよ。「この人が存在しているだけでうれしい。いっしょにいられるだけで幸せ」と思える相手です。「そんな夢みたいな相手、見つかるの？」と思うかもしれませんが、あなたが見返りを求めずに愛せる人になれば自然と現れます。相手も同じようにあなたをまるごと愛しているならおしどり夫婦の誕生です。

もちろん、身も心も焦がすアバンチュールに酔いしれたいなら、ときめきを追い求めていくつもの恋を渡り歩くのも一興。あなたの好きな道を選んでくださいね。

ときめきの魔法が解けたとき、ありのままの相手を愛せますの？

No.8 ［ありあどね］

アリアドネ

出典 『ギリシア神話』

生贄を食べる牛頭人身の怪物・ミノタウロスを倒すため島に渡り、迷宮に向かうテセウス王子に一目惚れしたアリアドネ。「私と結婚するなら手助けする」と王子に結婚の約束をとりつけた。糸玉を持って迷宮に入り、糸を垂らし続けて道しるべにすることで、王子を脱出へと導いた。王子は無事脱出できたが、結婚する約束を破ってアリアドネを島に置いていってしまう。結局、ふたりは結婚しなかった。

Q8

恋愛の悩み

結婚したいのですが、付き合っている彼には結婚願望がありません。どうしたらいいでしょうか。

アリアドネの回答

そやつと結婚するなら「自分磨き婚」か「なし崩し婚」だが、選ばれるために自分を偽っても愛は手に入らないぞ。

結婚が最優先なら、今の彼氏を説得するか、別れて新しい彼氏を探すかだが……今の彼と結婚したいなら、相手が「**あなたとは結婚する気がない**」のか「**結婚願望そのものがない**」のかで戦略が変わるぞ。

彼に「結婚相手じゃない」と思われているなら内面を磨き、結婚相手としての信頼を勝ち取れ。男性のほうが恋愛と結婚を分けて考えるんだ。遊び相手は外見を重視するが、結婚相手は協調性と知性を重視する。結婚相手は人生という一大プロジェクトをともに推進するたった一人のパートナーだから、自分がフォローしなくても円満な家庭を維持できる、精神的に成熟した女性がいいのだ。

そもそも結婚願望がない場合は、なし崩しで攻めろ。そやつは「結婚しなくても一緒にいられるのに、なぜわざわざリスクと責任を背負って結婚するのかわからない、結婚なんて面倒くさい」と考えている。でも、結婚願望がない男性も30歳前後で結婚しがちだ。理由は「長く付き合っている彼女がすごく結婚したがっていて、彼女もいい年齢だし、押し切られて籍を入れた」が圧倒的一位。彼女の「結婚したい！」が自分の「結婚したくない！」を上回ったときに降参するんだ。身もふたもないが、長く付き合って情が深まり、なし崩しで結婚するのは男性あるあるなのだよ。

でもいくら策を練ったとて、愛と信頼がなければ結婚はうまくいかないぞ。結婚直前で「やっぱり不安だから結婚はできない」と断られたり、人生の荒波小波を乗り越えられず離婚してしまったりする。私は知性をフル活用してテセウスの命の恩人になったが、それでも結婚できなかった。いわずもがな、彼が私を好きじゃなかったからだよ。命の恩人になったって、赤い糸を垂らさなければ結婚できないのさ。

どうしてもダメなら次に行け。そもそも**運命の人なんていない**のだ。愛ある生活を紡げるパートナーは世界中にたくさんいる。今の相手に選ばれようと思って自分を無理に変えて結婚したら、結婚後も自分を偽り続けなければいけない。**ありのままのあなたを愛する人、ありのままの姿を愛せる人こそ最幸のパートナー**なのさ。愛さえあれば運命なんていらない。恋も愛も人生も、自分で紡ぐのだ。

忖度せず、まっさらな愛を紡げ

やっぱケッコンやーめたッ!
コレも持ってって♪

No.9

ガラスの山の姫

「がらすのやまのひめ」

国 ノルウェー

出典 『ガラスの山のおひめさま』

百姓の保管する干し草が一年に一度消えてしまうため、3人の息子は交代で納屋の番を頼まれた。しかし夜になると地震がきて、長男と次男は逃げ出してしまう。いつもバカにされている三男だけが逃げ出さずに納屋を守り、草を食べにきた立派な馬と鎧を隠した。ある日、国王が「ガラスの山を登り、金のリンゴを手に入れた者と美しい姫を結婚させる」とおふれを出す。兄を含め多くの者が挑戦したが失敗。隠しておいた馬と鎧を使い三男だけが成功し、姫と結婚した。

Q9

恋愛の悩み

不倫がやめられません。なぜか不倫ばかり繰り返してしまいます。

ガラスの山の姫の回答

「やめられません」じゃなくて「やめたくありません」でしょお？　不倫に逃げている自分と向き合いなさいな。

不倫を繰り返す人は自分で不倫を選んでいるのよねえ。その理由を自覚しないと解決しないわよ。まあ、大体３つのパターンのどれかだから、特別に教えてあげるわ。

1つめの理由はロマンチストだから。恋愛ドラマって障害があるから盛り上がるじゃない？　私もだれも到達できないガラスの山の上にいたからこそ、余計に求められたんだと思う。**あなたは自ら手の届かない既婚者との不倫を選ぶことで、恋愛を盛り上げているの**

よ。二人だけの秘密、バレてはいけない禁断の愛……燃えるわよねぇ。不倫はね、苦しいからロマンチックでイイのよ。禁断の果実を味わってしまったら、普通の恋愛なんて退屈であくびが出ちゃう。なかなか足を洗えないわ。

2つめの理由は「2番目」のほうが落ちつくから。本命じゃなくて、セカンド女になりたいのねぇ。無意識なケースが多いんだけど、自信がないからちゃんと愛される本命ポジションが落ち着かないのよ。身の丈に合っていない気がして、ある日突然ハシゴを外されるんじゃないかってビクビクしちゃうのねぇ。「いつ突き落とされるんだろう」と恐れながら付き合うくらいなら、最初から2番目のほうが安心できて楽なのよぉ。自ら幸せの上限を決めて、不幸に甘んじる人って少なくないの。

3つめの理由は過去のリベンジ。父親に愛されなかったから、父親世代の男性と不倫して愛されようとしたり、前の恋人に遊ばれたから、今度こそ本命に選ばれようとしたり……つらかった過去を塗り替えようとしているのねぇ。健気だけど、過去と今は別物。執着しても苦しみが増すだけよ。

どの理由にせよ今の相手である必要はないんだから、ボロボロになってまで執着するのはバカバカしいわあ。新しい選択をするのが怖いから逃げているだけ。いくら頑張って不倫を続けたって、あなたが**原因に向き合って「変わろう」と思わない限り、根本的な解決にならない**わ。どれだけ心を削っても、時間と心を浪費するだけよ。**現実逃避の不倫は、かえってあなたを苦しめる**わあ。不倫の道を選んでいるのはあなたなんだから、どんなに泥沼の不倫だって、本気で「やめよう」と思えば24時間365日いつでもやめられるのよ。で、どうなの？　不倫を続けたいの、やめたいの？　答えなさい。

不倫なんて24時間365日いつだってやめられるのよ

あなたにとって不倫って
幸せな選択
なのかしら…？

No.10

黒いお姫さま

［くろいおひめさま］

国 ドイツ

出典 『黒いお姫さま』

お妃が悪魔の力を借りて授かった姫は、15歳で死んでしまう呪いにかかっていた。姫は「死んだら棺に入れ、一年間護衛をつけて。番人の中に悪いことを一度もしたことがない人がいたら呪いが解けます」と言い残して息を引き取り、肌が真っ黒になった。姫は夜中になると護衛の男性たちを次々と殺してしまい、だれも見張りをする者がいなくなった中、羊飼いの少年だけが逃げ出さなかった。姫の呪いが解けて白い肌に戻り、羊飼いの少年と結婚した。

Q10

恋愛の悩み

好きな人と体の関係を持ってしまい、ずるずる続いています。どうすればいいでしょうか？

黒いお姫さまの回答

決定権を握っているのはあなた！　変化を恐れず行動して現状維持の呪いを解きなよ。

あなたはその人のどんなところが好き？　かっこいい、頼りがいがある、頭がいい……いろいろ思い浮かぶんじゃないかな！　そんな魅力的な相手が、明日「今までずっと中途半端でごめん、好きだよ。結婚しよう」と言ったらどうする？　やっぱうれしい？　あなたに夢中になった相手は、今までどおり魅力的に見える？

「なんか違うかも」って思ったら、その人じゃなくて大丈夫。**振り向いてくれない、ず**

るくてひどい相手が好きなだけだよー。今までも似たような相手を好きになったことない？　振り向いてくれない人を振り向かせることで、自分の価値を、愛される自分を実感したいと思ってるんじゃない？

わざわざ無理そうな相手を探して恋しているなら、うまくいかないのはあなたの問題！　もし彼とうまくいったら、また新しい相手を探しに行くと思うよー。あなたが求めているのは無理そうな人が振り向いてくれた瞬間の達成感と快感だから！　ゲームをクリアしたら興味がなくなっちゃうんだよねー。

「そんなことない、本当に彼が好き！」という人は、今の状況から脱するためにどうするか、今とるべき行動を決めよ！　受け入れるのか、真剣な付き合いを求めるのか、別れるのか。どんなに下に見られていたって、あなたの人生の決定権はあなたにあるんだよ。いつでも「もう会わない」と宣言することはできるのに、今の関係が変化するのが怖いから言えないんでしょ？　たとえ不幸な恋愛でも、どんなに苦しくても、そこから一歩踏み出すよりは楽だから、自分の意志で今の関係を続けているんだよー。不幸に慣れて、自分に呪いをかけてるだけ！　それを認めないとどこにも行けない。私と違って、あなたは自分で呪いを解けるんだから、覚悟を決めてよ。
現状を変えたいなら、自分がどうしたいかを考えて、本音を伝えて、行動しなきゃ！　あなたが**自分から動かなきゃ変化は訪れない**よ。迷ったら「**そういう自分を好きになれるか**」を判断軸にしてね！　体の関係だけ続ける自分を好きになれる？　「好きになれない自分」を生きていると、いつまでも幸せになれないよー。あなたは自分の力で幸せになれるんだから、変化を恐れずに現状維持の呪いを解いて。心の陰になる恋は捨てて、純白の世界を生きて！

今の自分は好き？　続けるかやめるか、自分で決めて

No.11 ［とぅーらんどっとひめ］

トゥーランドット姫

国 イタリア

出典 『トゥーランドット』

北京の美しく冷酷な姫・トゥーランドットと結婚するには3つの謎を解く必要があり、解けなければ首をはねられるという決まりがあった。トゥーランドットに恋したダッタン国の王子カラフは、見事に謎を解いてトゥーランドットのヴェールを上げ「あなたの冷たさは偽りだ」とキスをする。そのとき、頑なに心を閉ざしていたトゥーランドットが涙を流し、ふたりは愛で結ばれた。

Q11

恋愛の悩み

なかなか人を好きになれません。どうしたら恋できますか?

トゥーランドット姫の回答

人を好きになれないのは人を信じてないってこと。醜さより美しさに目を向けて、信じることから始めましょ。

人は心を満たすために他人を求める生きものよ。裏を返せば、自分の心を損なうものは欲しがらないの。痛いこととか、苦しいこととか、つらいこととかね。**人を好きになれないなら、他人を、あるいは恋愛をマイナスなものと思ってる**んじゃないかしら。無意識にね。

私は「冷酷な姫だ」と言われていたわ。面倒ごとに巻き込まれたくなかったから、他人と距離を置いていたの。こういうタイプを回避型っていうんだけど、自分を守るために分厚い壁を作っちゃうのね。でも、自分の心を開かなきゃ恋はできない。いろいろな人に会って、自分の話をして、相手の話も聞いて、相手の美しい部分に触れるの。恋する力って、人の美点を見つける力なのよ。

ただ、選択肢が多すぎると理想が高くなるし、選ぶのが面倒になるわ。マッチングアプリや合コンでたくさんの人とやりとりしていると、だんだんどうでもよくなってこない？　私もあちこちから男性が求婚しにきたから目が肥えちゃって、魅力を感じられなくなったの。たくさんの人と同時に接すると「もっといい人がいるんじゃないか」って欲が生まれて満足できなくなるから、仲良くする相手は絞ったほうがいいわね。

恋愛のコツは完璧を求めないこと。あなただって完璧じゃないでしょ？　不完全体同士が、お互いの凸凹をぶつけたり重ね合わせたりして、まあるい関係を探っていくのが恋愛の醍醐味なの。「アリかも」と思ったら話してみましょ。人の心って海よりも深いから、すぐに◯か×か決めちゃうのはもったいないわ。少し潜ったら、宝石みたいにきらきらした心を秘めている人かもよ。

ケンカしたり傷ついたりすることもあるけど、苦いのもしょっぱいのも恋のスパイスだと思わないとね。**酸いも甘いも味わって、泣いちゃうくらいしんどい恋の傷みすら噛みしめるの。**そのややこしい過程の先に、おいしい関係があるわ。愛だの恋だので人と交わる人生は、みずみずしくっていいものよ。ああ、生きてるなって思うの。摩擦熱で生まれる傷すら愛おしいもの。無傷の恋愛なんて紛い物、生傷作ってまで愛したい人を見つけましょ。

自分を守る壁を壊して、むき出しの心で他人を愛しなさい

No.12 ［やまひめ］

山姫

国 日本

出典 『山姫』

漁師が山奥で道に迷い、妖しい美女に出会う。化け物だと思い鉄砲を撃つが、美女は玉を受け止めて唇に咥え、にっこり微笑んだ。怖くなった漁師は逃げ出して山を下りた。その後、物知りの老婆に話したところ「それはめったに会えない妖怪の山姫じゃ。大人しくしていれば宝物をくれるそうだ」と言われる。鉄砲を撃ってみすみすチャンスを逃したことを後悔したが、二度と山姫には会えなかった。

Q12

恋愛の悩み

恋人がモラハラ気味で、いつも否定されて苦しいのですが、別れられません。

山姫の回答

他人は変えられません。自己肯定感がゼロになる前に、別れられない自分を変えましょう。

相手はあなたを攻撃して支配することで安心を得ています。モラハラは立派な暴力ですし、目に見えないぶん質が悪いです。あなたを日々否定し、貶め、自己否定感を植えつけることで「自分が悪いから仕方ない」と洗脳しているのですね。

私もよく攻撃されます。人は恐怖を感じる対象を攻撃して、自分を守ろうとするようですね。**あなたの恋人は「健全で親密な関係」を恐れているの**でしょう。親密な相手を攻撃する人は、生まれ育った家庭環境に過保護、虐待、無関心などといった何らかの問題があり、健全な人間関係に慣れていないことが多いのです。だから健やかな愛を恐れ、それを与えようとする人を攻撃し、遠ざけるか支配しようとします。**愛のある信頼ではなく、暴力による支配でしか他人とつながれない**のです。

あなたはどこかで「相手も苦しいんだ」「いつか変わってくれるはず」と自分を納得させていませんか？　残念ながら、これはあなたの希望で事実とは異なります。いくら相手が言葉で「ごめん」と謝っても、行動で示さなければ意味がないのです。

人間関係の解決策は相手ではなく自分が変わること。人を変えるのは不可能です。きついことを言うようですが、あなたが相手を許し続けているから、ずっと攻撃されているのですよ。あなたがそばにいる限り、相手はひどい人間であり続けます。

別れられない理由は何でしょうか？　**「私が支えなきゃ」と献身的に尽くし、必要とされることに自分の存在価値を見い出していませんか。たまの愛情表現に麻薬のような幸福感を抱き、クセになっていませんか**。これまでの自分や過去を肯定するために、苦しくても関係を続けていませんか。残念ながら、これらはすべてあなたを、そして恋人すらも幸せから遠ざける行為です。

あなたが変わらなければ不幸から抜け出せません。あなたは十分に価値があり、幸せになる権利があります。自己肯定感が底をつき「自分は無価値だ」と錯覚する前に、今の関係に執着していることを認め、決別しましょう。必ず「自分は愛される人間だ」と実感できる日がやってきます。今こそ執着を手放し、自由になってください。

「いつか変わってくれる」という歪んだ妄想は人生を狂わせます

No.13 【くれおぱとらななせい】

クレオパトラ7世

国 エジプト

エジプト最後の女王・クレオパトラ7世は、絶世の美女であった。見た目の美しさもさることながら、性格や知性などの人間性も魅力に溢れていた。カリスマ性が高く話術が巧みな策略家でもあり、和解のため自らが贈り物になり、相手の愛人になったこともある。兄弟婚で王位につき単独統治を行ったが、ローマ軍との戦いで捕虜になってしまう。敵に屈するのを拒み、コブラに体を咬ませて自殺した。

Q13

恋愛の悩み

まったくモテません。どうしたらモテるようになりますか？

クレオパトラ7世の回答

モテるのは「聞き上手で笑い上戸な女子アナ」だけど、最幸のモテは自分モテよ。

不特定多数の大衆から幅広くモテたいのかしら？　私は大衆モテをナンセンスだと思うからサラッと答えるけど、大勢からモテたいなら**「聞き上手で笑い上戸な女子アナ」**を目指しなさい。話を聞いて笑ってくれる女性って、男性からすると天使みたいな存在なの。皮肉だけど、ユーモアたっぷりのおもしろい女性より、にこにこ愛想よく笑ってる女性のほうがモテるのよ。

聞き上手になるには、前のめりになってじっと相手の目を見つめること。そして相手が言った単語をリピートするの。「この間、野球を見に行ったんだけど」「へえ、野球！」みたいにね。興味深々！って感じがするでしょ。ファッションは言わずもがな、女子アナをイメージすれば大体外さないわ。

でもね、モテたいからって自分を偽ってもしょうがないわよ。無理に聞き役になったり女子アナかぶれになったりして、男に媚びてどうするの？　モテるための人生なんて男のための人生よ、バカらしいじゃない。

男が好きな自分＝自分が好きな自分じゃないでしょ？　まずは自分にモテなさい。自分で自分を愛せる理想の自分になって、自信を持つの。自信は最大のメイクだから、嘘で塗り固めなくたってきらきら輝いて見えるわ。好きな人の前ではにこにこ笑って、好きって感情を素直に表現すればいいの。

あと、恋は生ものだからピンと来たらすぐに行動することね。告白の成功率が高いのは出会ってから3か月以内なの。短期間でたくさん会って、好きって気持ちを表現して。人は好意を受け取ると好意を返したくなる生き物だから、好意を伝えるほど好かれやすくなるわ。下手に駆け引きするより、大好きオーラをばんばん出したほうがよっぽど効くわよ。

繰り返しになるけど、**他人モテの土台にあるのは自分モテ**。自分で自分を愛さなければ、相手を愛すときも自信のなさが付いて回るわ。それが迷いや不安のもとになり、足枷になるの。勉強して知性を磨いたり、運動して体を引き締めたり、仕事で成果を出したりして、自分を好きになりなさい。**自分磨きは自分のためにするもの**。自分を内側から光らせて、相手のハートを射抜くのよ。

自分にモテるための自分磨きをしなさい

No.14　［しんでれら］

シンデレラ

国　フランス

出典　『サンドリヨン』

美しいシンデレラは、美貌を妬む継母と義姉に日々いじめられていた。姉たちが参加した城の舞踏会も、自分だけドレスがなくて行けずにいた。悲しむシンデレラの元に魔法使いがやってきて、魔法でドレス姿にしてくれる。舞踏会に行ったシンデレラは王子に見初められるが、魔法が解ける0時前に慌てて帰り、階段に靴を落としてしまう。王子は靴を手掛かりにシンデレラを探し、再会。ふたりは結婚した。

Q14

仕事の悩み

職場の人間関係が悪く辞めたいのですが、転職する勇気がありません。

シンデレラの回答

他人に左右されない自信を培って、不要な人間関係を断捨離しましょう。

社会で生きている限り、人間関係からは逃れられません。ほとんどのストレスは人間関係から生まれますから、職場の人間関係が改善できそうにないなら転職してもいいでしょう。ただ、**職場ではなく自分に課題があるとしたら、せっかく転職してもまた人間関係に悩み、不幸の無限回廊に入ってしまいます。**決断する前に、一度自分と向き合ってみましょう。

「自分はどう思われているんだろう」と他人からの評価を気にして、同僚の性格や考え方を詮索していませんか？　こうした人は強すぎる承認欲求が課題になっているかもしれません。劣等感が強いと「他人から認められたい」と考えるあまり「自分がしたいこと」より「他人から認められること」を優先するようになり、本音で話せなくなったり依存したりと、人間関係に悩みやすくなります。他人から認められようとすると心に灰が降り積もり、人間関係が息苦しくなるのです。

劣等感が強く自信がないと他人からの評価を求めてしまいますが、**本当の自信は自分の行動から生まれる**もの。成功体験の積み重ねが、揺るがぬ自信を作ります。評価を求めて苦しい人間関係に身を沈めないよう、**小さな目標をたくさん立てて、ひとつずつクリアしていきましょう**。転職したいなら「履歴書を書く」「自己PRを考える」「3社応募する」など、プロセスごとに目標を立ててください。一つずつクリアして小さな達成感を重ねることで、だんだん自信を持てるようになり、望む道を選択する勇気が生まれます。一朝一夕で自信は生まれませんが、目の前にある課題から目を背けずに向き合い、努力し続けることで自分を信じられるようになるのです。

「でも」「どうせ」と考える前に、一歩踏み出してください。臆病な心を強く突き動かすのは「自分を変えたい」と願う気持ちです。私もどれだけ虐げられても希望を失わず、自分を信じ続けました。だからわざとガラスの靴を落としたんです。たったそれだけのことでも、私の運命は大きく変わりました。あなたにとってのガラスの靴は「私にはできる」と信じる心。

自分を信じれば、他人を恐れずにまっすぐ関われるようになり、不要な人間関係も断捨離できます。自信のハイヒールを打ち鳴らし、透明な心で望む未来へと踏み出しましょう。

心の枷になる人間関係は劣等感から生まれます

No.15 ［おやゆびひめ］

親指姫

国 デンマーク

出典 『親指姫』

子どもに恵まれず悩んでいた女性に、魔法使いが大麦の種を授ける。植えるとチューリップが咲き、中から親指サイズの少女・親指姫が生まれた。しかし、その小ささゆえにヒキガエルやコガネムシに誘拐された末、野ネズミの家に居候することになり、隣に住むモグラに結婚を強要される。モグラの家にいた瀕死のツバメを介抱した姫は、結婚式の日にツバメに救い出され、花の国へ逃げて王子様と結婚した。

Q15

仕事の悩み

今の会社で自分のやりたい仕事ができません。転職するか独立するか迷っています。

親指姫の回答

やりたい仕事はハイリスク・ハイリターン。あなたはやりたい仕事をやれる仕事にできる?

人はどういうときに「今の仕事が嫌だ」と感じるんだと思う? 実は「やりたい仕事ができない」というのは少数派。「職場の人間関係が悪い」「主体的に仕事ができない」「待遇が悪い」が多数派なんだ。**やりたい仕事でも不満を感じる人が多い**から、これから言うことをよーく聞いてから決断してね。

意外だけど、やりたい仕事をしている人は離職率が高いと言われているんだ。**「やりたい」**

という気持ちが原動力だから、やりたくない仕事が回ってくると「そんなのやる気にならない」って辞めちゃう人が多いんだって。好きを仕事にするライフワークは、生活するためにお金を稼ぐライスワークと比べて割り切りにくいんだよね。だから心が折れやすい。やりたい仕事に踏み切っても、うまくいかずに挫折する人は少なくないよ。なかなか納得できなくて転職を繰り返す人もいるし、ハイリスク・ハイリターンの選択肢なんだよね。

あとね、理想の仕事をするには環境以上に実力が大事なんだ。自分の力が足りないのに環境のせいにして、ずーっと「こうだったらできるのに」って言い訳する人もいる。自分がそのパターンにハマっていないか、一度考えてみて。

要するに「やりたい仕事をする」のと同じくらい「やれる仕事をする」のも大切ってこと！　やれる仕事＝適性がある仕事だから、やりたい仕事をやれる仕事にする努力が欠かせないよ。勢いで転職するより、今の会社で働きながら勉強してやりたい仕事に少しでも近づくほうが、転職や独立よりも確実かもしれない。まずは今の環境でベストを尽くしてから判断したほうがリスクが少なくて安心だよ。

もちろん「やりたい仕事をするな」と言いたいわけじゃない。「転職・独立したほうがうまくいくし、絶対にうまくやる！」って自信と覚悟があるなら今すぐ辞めても大丈夫。**結局は、選んだ選択肢を正解にすればいいんだ。**私は何度も誘拐されて望まない結婚までしそうになったけど、その場その場でベストを尽くして最善の結果にたどり着いたよ。

よい結果はよい過程の積み重ね。どの道を選んでも、全力で走って「私はこの道を選んでよかったんだ」って証明すればいい。それさえできれば、どこに行っても何をしても花まる！　大正解だよ。

「やりたいこと」を仕事にする覚悟はある？

No.16 [まりーあんとわねっと]

マリー・アントワネット

国 フランス

ルイ16世の王妃。美しく純情だが、軽率でわがまま。14歳でオーストリアからフランスに嫁ぐ。ヴェルサイユ宮殿で華やかな暮らしを送り、宮殿の習慣や儀式を窮屈に感じて緩和・廃止した。軽やかで華やかなファッションスタイルが有名で、仮面舞踏会や賭博にも興じる一方、子どもへの愛情は深かった。王政に対する民衆の不満が爆発してフランス革命が起きたとき、ギロチン処刑された。

Q16

仕事の悩み

特にやりたいことがなく、仕事のやる気が出ません。

マリー・アントワネットの回答

やりたいことがないなら楽しめる方法を探せばいいじゃない。つまらないルールは捨てて自己流で楽しむのよん。

やりたい仕事をやっている人なんてダイヤモンドくらい希少よ。大体の庶民は生活するために働いているの、割り切りなさい……なんて言っても割り切れないから悩んでいるんでしょうね。最近は「好きな仕事をしよう」って風潮があって、選択肢も多いから悩みやすいんだっけ？　現代人は庶民にも贅沢な悩みがあるのね〜。

やりたいことがないのより、やる気が出ないほうが問題ね。**興味ないことでも、やりが**

いが感じられればモチベーションになるものよん。やりがいっていうのは「自分がだれかに貢献している感覚」のこと。「ありがとう」と言われると「自分は役に立っているんだ」と実感できてうれしいでしょ？

「この仕事には価値がある」と思うだけでも変わるわん。今やっている仕事の意味や価値を探して、人に貢献している実感を持ちなさい。極論、専業主婦なら家事や育児が立派な仕事。家事とか育児って最高の他者貢献でしょ？　貢献している実感を持てるまで、いろいろな仕事を片っ端から試しなさいな。

仕事を楽しめる方法を探すのもいいわよん。私の仕事は王妃らしく美しい人であり続けることだったわ〜。まあこれがなかなか大変よ、頭から足先まで美しくなきゃいけないんだから。だから楽しむ工夫をしたの！　宮廷ではコルセットをぎゅうぎゅうに締めるのが当たり前だったけど、苦しくてやってられないからコルセットを外して楽ちんなシュミーズドレスを着たわ。重たい金のジュエリーはひらひら軽やかなリボンやレースにして、ファッションの革命を起こしてやったのよ〜。私好みのファッションにしたら美しく過ごすのが楽しくなったわよん。

古びたルールに従うなんてつまんないゎ。絶対のルールはなぃの。コルセットが息苦しぃなら外せばいぃし、金のアクセサリーで肩が凝るならリボンにすればぃぃのよん。心地よく幸せであるためにどうしたらいいか、何を変えたら楽しめるのか、たくさん考えてダメもとでチャレンジするのよ。たとえ大失敗したってギロチン処刑されたりしなぃでしょ？仕事を変えるも辞めるも自由、健やかに生きればいぃのよん。人生は楽しんだ者勝ち、軽やかに踊りましょ♡

地味〜な仕事だって、美しく飾って楽しくすればいいのよん

No.17 ［がちょうばんのひめ］

ガチョウ番の姫

国 ドイツ

出典 『ガチョウ番の娘』

姫は結婚するため王子の城へ向かったが、道中で意地悪な侍女に自分の馬と服を侍女のものと交換させられてしまう。侍女は姫に成りすまし、大人しい姫は何も言えないままガチョウ番になった。姫の馬は侍女に殺され、悲しんだ姫は馬の首と会話する。王は姫の話を盗み聞き、ガチョウ番が本物の姫だと王子に伝える。王子が侍女に「主人の夫を奪う女をどうすべきか？」と聞くと「死刑にするべきです」と答えたので死刑にし、本物の姫と結婚した。

Q17

仕事の悩み

自分の意見やアイデアが思いつかなくて、職場で「ちゃんと意見を言いなさい」と叱られます……。

ガチョウ番の姫の回答

学習と思考の量が足りないのよ……ほんのりパクることから始めなさい……。

意見やアイデアって生まれながらのセンスでひらめくものじゃなくて、学んだ量と考えた量に比例して生まれるものよ……。その仕事を始めたばかりなら単なる経験不足だから、ちゃんと考えながら仕事して。たくさん経験すればおのずと思いつくようになるわ。

それなりに経験があるのに思いつかないなら、これまであまり学んだり考えたりしてこなかったんじゃないかしら。アイデアを生むだけの知識を吸収できていないのね……。1

の意見を出すには10の知識が必要で、たくさん吸収しないとひらめかないわ。すぐにどうこうなるものじゃないから、仕事に関する本を読んで勉強したり、過去の類似事例を分析したりして、意見やアイデアの土台になる情報を蓄積することから始めたほうがいいけど……時間はかかるわ。ダイエット同様、あせらず気長に努力することね。

意見やアイデアを出せるようになるまでの身の振り方も肝心よね……できない人は未熟さをカバーする処世術が必要なの。仕事だと特にそう。とりあえずそれっぽく見せるハッタリの器量と度胸があるなら、いったん過去の似た事例を真似るといいわ。言ってしまえば……パクリね。もちろん丸パクリはダメだけど、ほんのり真似るオマージュくらいならいいでしょう。基礎ができていない自己流はお粗末なものよ。前例を真似ることで基本の型を知り、基礎力を磨くの……。何事も猿真似から始めるのよ。

それも難しいなら、あなたを叱る上司や先輩に「できないんですけど、どうすればいいですか?」と率直に相談しましょう。無理にできるふりしたってしょうがないし……。ほんのりパクって基礎知識を学びつつ、上司や先輩に相談して助言をもらうのが上達への近道よ。相談すれば「こいつなりに悩んで努力してるんだな」と思ってもらえるしね……。

何はともあれ、考えるクセをつけるのが大切。基本的な思考力を身につけるために、何かにつけ「なんで？」「どうして？」と自問して、自分なりに考えたほうがいいわ……。そして、その考えを人に話して、伝えてみるの。どんなに考えても伝えなければ意味がないでしょう。私みたいに何も言えないまま雑用係に転落しないように、きちんと考えて自分の言葉で伝えることをおすすめするわ……。

どんな偉人も猿真似から始めるもの……見て、学んで、考えて。

　自分の意見やアイデアが思いつかなくて、「ちゃんと意見を言いなさい」と叱られます……。

No.18

かぐや姫

［かぐやひめ］

国 日本

出典 『竹取物語』

翁が光り輝く竹の中に女の子を見つけ、「なよ竹のかぐや姫」と名付けて自分の子として育てた。次々と求婚する者が現れたが、かぐや姫は無理難題を与えて断り続ける。やがてかぐや姫は「月の都の者なので月に帰らねばならない」と泣いて打ち明けた。かぐや姫を守るため多くの軍勢で月の者を迎えたが太刀打ちできない。姫は嘆き悲しむ翁に歌を書いて渡し、月に帰ってしまった。

Q18

仕事の悩み

家庭と仕事の両立ができるか不安で、キャリアアップに踏み出せません。

かぐや姫の回答

一人じゃ両立できなくて当然です。完璧主義は卒業して、人に頼れる甘え上手になりましょう。

結婚を退けた私ですが、家庭を優先したいあなたの気持ちもよくわかります。**「認められたいけど出世はしたくない」と考える女性ってすごく多い**です。「出世をしたら浮いてしまう」「男性から疎まれる」「恋愛や家庭に割く時間がなくなる」といった女性ならではの葛藤があるんですね。「強い女性はとっつきにくい」「仕事ができる＝モテない」ってイメージが無意識に刷り込まれてるのかもしれません。こうした恐れで出世などの成功を避けることを、成功回避欲求と言います。多くの女性は承認欲求と成功回避欲求のはざまで揺れ動いていて、悩むのも無理はありません。

両立するコツは、すべて自分でやろうとせず、人に頼ること。一昔前まで「男性は働いてお金を稼ぐ、女性は家事・育児をする」形で家庭が円滑に回っていましたが、今は女性が働くようになり、男性も家事・育児を担当しなければバランスがとれなくなっています。新しい現実を受け入れ、今の時代に合ったやり方を模索するときがやってきました。「私ががんばる」から「みんなで協力する」に作戦変更しましょう。

家族だけでなく、友人や他人に頼ってもいいのです。出世して稼ぎが増えたなら、週に1回家政婦さんに頼んで掃除や料理をしてもらってもいいんです。子どもが生まれたら、ママ友やベビーシッターさんを頼っていいんです。そうやってさまざまな人と分業することで負担が減り、心地いい生活を送れます。これは既婚でも独身でも同じこと。たくさんの人に頼るほど、人生はうまくいくんです。

人に頼る選択肢を阻むのは、あなたの「〜しなきゃ」という思い込みです。やらないことに罪悪感を感じる必要はありません。完璧主義は自分だけでなく他人も苦しめるもの。あなたが忙しくてピリピリしたら、まわりの家族や友人も不安になります。やり方次第でいくらでも対策できますから、頭を柔らかくして自分にやさしくしてください。

それに、素直に人に頼れる女性こそ「いい女」じゃありませんか？　仕事でも恋愛でも「これお願い！」と**上手にお願いできる人は好かれる**ものです。月に帰るわけでもなし、急いで自分を追い込まなくて大丈夫。人を頼り、現代をしなやかに生きる術を身につけましょう。

完璧主義は心の毒。自分にやさしく甘く生きましょう

No.19

鉢かつぎ姫

［はちかつぎひめ］

国 日本

出典 『御伽草子』

長谷観音のお告げにより大きな鉢をかぶせられ、取れなくなってしまった鉢かつぎ姫。継母に家を追い出されて入水自殺しようとしたが、鉢で体が浮いて溺れず、公家に助けられ下女として働く。御曹司に求婚されるが、相手の母親に「鉢を被っている娘なんて」と反対され、複数の女性と「嫁くらべ」することに。嫁くらべ前日、鉢が取れて美しい顔が露わになる。歌が上手く頭もよかった姫は、無事結婚し子どもに恵まれた。

Q19

仕事の悩み

「これだ！」という得意分野や強みとなるスキルがなく、今後のキャリアが不安です……。

鉢かつぎ姫の回答

小さな得意を育てて一芸に秀でるか、複数の仕事をして転ばぬ先の杖を作るかで、だれでも強みを作れますよ。

先が見えないと将来が心配になりますよね。私も継母に追い出されたときは、どうやって生きていけばいいかわからなくなって入水までしましたよう。鉢のおかげで生き永らえたんですけど…シュールですよねえ。

「これだ！」という強みなんてなかなかありませんよ。でも、**ちょっぴり得意なことや向いていることはあるはず**。ミスが少ないとか、比較的早く終わるとか、人からよく頼まれるとか、そういう些細なことでいいんです。思いつかなければ、まわりの人に「私が得意な仕事って何だと思う？」って聞いたり、適性検査を受けたりしてみてくださいな。それがあなたに向いている、適性のある仕事です。小さな得意を極めて強みにすれば、印象に残って評価されやすくなり、キャリアアップの足掛かりになりますよう。

「どうしても得意な仕事が見つからない！」って方も、どうか安心してくださいな。何か一つで勝負できなければ、複数で勝負すればいいんです。同じ会社でいろんな仕事をしたり、パラレルワークや副業をしたりして、何種類ものお仕事をプチ体験してみましょう。融通が利くならバイトや派遣を転々とするのもアリです。たくさんの知識や能力が身につけば、キャリアの選択肢が増えて「この仕事がダメでも違う仕事をすればいいや」って思えるので安心できます。転ばぬ先の杖を何本も用意するってことですね。ただ、複数のお仕事をするときは優先順位をつけて一番注力したい仕事を決めておきましょう。それがいつかあなたを支える一芸になり、強みになり、不安を拭い去る自信になりますよう。

今までの仕事で培ってきた経験は何らかの能力やスキルになっていますから、今から新しい挑戦をしても大丈夫です。今持っている力を「大したことない」と思うのか「基礎力がある」と思うのかはあなた次第。あなたが自分の力を過小評価したら、いつまでも不安がついてきちゃいますよう。持ってないものじゃなく、持っているものを数えるんです。

あなたを頭でっかちにする不安は脱ぎ捨てて、小さな得意を育ててくださいな。それがどんな荒波もぷかぷか乗り越える救命道具になりますよう。

最強のスキルなんてなくて当然。
小さな得意を見つけてくださいな

No.20 「えんどうまめのうえにねたおひめさま」

エンドウ豆の上に寝たお姫さま

国 デンマーク

出典 『エンドウ豆の上に寝たお姫さま』

王子は「本当のお姫様」を妃にしようと探し回っていたが、ピンとくる相手が見つからない。大雨の夜、「自分が本当の姫です」と言うひとりの女性が訪れた。女王はベッドに一粒のエンドウ豆を置き、その上に敷布団と羽毛布団を20枚ずつ敷いて寝かせた。翌朝、姫は「固いものが背中に当たって眠れなかった」と言う。「そんなに繊細な人は本当のお姫様に違いない」と確信し、王子は姫と結婚した。

Q20

仕事の悩み

仕事の面接がうまくいかず「自分は社会に必要とされていないんだ」と落ち込みます。

エンドウ豆の上に寝たお姫さまの回答

あなたの価値は面接では決まらないよ。落ち着いて会話して、相手目線のコミュニケーションをしてみて。

まずね、面接に受かる＝価値があるってことじゃないよ。何を必要とするか、何を価値とするかは人それぞれ。子どもは最高級キャビアより駄菓子が好きでしょ？　私だって何十枚もの布団の下に豆が一粒あるだけで眠れないお嬢だけど、そんな私を「本物の姫だ！」って喜ぶ王子もいる。価値は人や文化によって違うし単なる相性だから、自分を否定しなくていいよ。

ま、そうは言っても面接に落ちてばかりじゃ困るし、打開策を見つけたいよね。面接で「なんとか自分のいいところをアピールしよう！」って一方的に話してない？「面接なんだから自分の話をして当然じゃん！」と思うかもしれないけど、面接官はたくさんの応募者から一方的な自己アピールをぶつけられてうんざりしてるんだよね。

面接は自分の価値を見せつける場じゃなくて、相手と会話する場だよ。目の前に座っている面接官が、どんな人を求めているか、どんな人と働きたいか、相手目線で考えて。自分を良く見せようと背伸びした自己アピールは自分が受かることしか考えていないから、面接官には響かない。相手が何を求めているか考えて話そう。

相手が求めていることを知るには、相手を観察しながら自分を客観視する余裕が必要。余裕を作るためにも、今は場数を踏んで失敗する時期なんだよ。とはいえぶっつけ本番を繰り返すのはもったいないから、気を許せる友達や家族に面接官役をやってもらってダメ出ししてもらうといいよ。恥ずかしいかもしれないけど、このまま落ち続けるよりいいじゃん。それで足りないところがわかったら補えばいいんだからさ。

経歴とかスキルに弱みがあるなら最初に言っちゃったほうがいいよ。最初に短所を打ち明けて、最後は長所で締めるんだ。そうすると だんだんイメージがよくなって、好印象で面接を終えられる。誠実さも伝わるし、短所がかえってプラスになるよ。

面接の恥はかき捨てだと思って、未来のためにたくさん失敗しよう。失敗は成功の種って言うでしょ？　失敗を恐れなくなると本番に強くなるし、失敗を生かすほどあなたの価値が上がっていくよ。失敗は未来の糧になるから、どんどん食べて自分の血肉にしようよ。

自分目線のアピールじゃなくて、相手目線の会話をしよう

うちには君はあわないヨ
ではぜひ弊社にッ!!
いえぜひウチの会社に!!

妲己

No.21 ［だっき］ 国 中国 出典 『史記』

中国の三大悪女で、殷王朝の紂王から寵愛を受けた妃。快楽を追求し、火で熱した銅製の柱を歩かせる「炮烙の刑」、蛇やサソリが１０００匹入った穴（蠆盆）に罪人を突き落とす「蠆盆の刑」など残虐な刑罰を考案し、人々が苦しむ様子を鑑賞して楽しんだ。酒の池と肉の林を作った「酒池肉林」で裸の男女が鬼ごっこする乱痴気騒ぎにも興じる。腐敗した王政を見かねた紂王の臣下が殷に攻め込み、妲己も殺される。

Q21

仕事の悩み

やる気がない人や仕事が遅い人を見ると、イライラしてしまいます。

妲己の回答

相手が自分と同じだと思ってない？　勝手に期待しないで、相手を受け入れたほうがお互い幸せよ♡

わかるわあ。あたしも国民の生活は退屈すぎて見てられないし、尊重する気にならないもの。でもね、いちいち平民にイライラしないわ。イライラしないコツは、相手が自分と同じだって思わないことよ♡

あなたは無意識に、**相手を自分と同じだと思ってるのねえ。だから自分と同じようにできないと「なんでできないの？」って腹が立つ**わけ。でもあなただって、陸上選手と同じ速さでは走れないでしょ？　人それぞれ向き不向きがあるし、能力も違うのよ。庶民がハイセンスなあたしと同じ官能的な生活ができないのは当然だから、あくびが出ちゃうほどつまんない生活をしてようがイライラしないわあ♡　ま、そこまで下に見ないにしても「得意不得意がある」って思えばいいんじゃない？

あなたは「会社のためにがんばろう」って気持ちが強いのかもね。だからがんばらない人が許せないのかしら。集団行動を好む人や律儀な人は正義感が強くなりやすくて「ちゃんとやらないアイツは悪！」みたいに善悪で捉えがちなのよねえ。でも仕事だって割り切っている人とか、会社が好きじゃない人とか、いろいろいるじゃない？「とりあえず毎日仕事しに行くだけでＯＫ！」って人もいるのよ。それに対して怒るのはあなたの価値観の押しつけでしかないわあ。

もちろん相手のせいで仕事が増えたらイライラしちゃうだろうけど、あんまり他人に期待せず、そこそこであきらめるのも肝心よ♡　その人のことを尊敬できないなら、対等に接するのはあきらめなさいな。あきらめるって冷たいようだけど、やさしさでもあるのよ。相手だって、勝手に今以上の行動を期待されても重荷になるだけだもの。「この人は仕事が苦手なのね」って受け入れちゃえば、相手も自分もしんどくないし、嫌悪感が生まれないでしょ？　少なくとも今よりは楽になるいくわ。

他人にいちいち目くじら立ててたら、シワができちゃうわよぉ。「あの人より早く仕事ができるあたしって最高♡」ってこっそり優越感に浸ってるほうが、あなたも相手も幸せなんじゃない？　相手をマイナス評価するんじゃなくて、自分をプラス評価したほうが気持ちいいわよ。快楽主義でいきましょ♡

他人を蔑むより自分を褒めなきゃダメ♡

わたしはちゃちゃっと片付けたいタイプ♥
私はじっくりゆっくりタイプ♡

No.22

虫めずる姫

［むしめずるひめ］

国 日本

出典 『堤中納言物語』

平安時代は眉を抜きお歯黒にするのが美の定番だったが、姫は眉をぼうぼうに生やし、真っ白な歯で虫を偏愛していた。特に好きなのは毛虫。供の者にも子どもたちにも虫のあだ名を付け、虫を捕まえてこさせた。あまりにも変わっている姫の奇行を恐れて逃げ出す人もいたが、姫はそんな相手を「信じられない」と睨みつけ、陰口を叩かれても「悟ってしまえば何も恥ずかしくない」と動じず、虫を愛し続けた。

Q22

仕事の悩み

がんばっているのに評価されず、やるせないです。仕事のやりがいが感じられません。

虫めずる姫の回答

がんばるだけじゃ評価されないよ。会社から評価されるやり方に変えるか、自分が楽しめるやり方を貫くかだね！

私もぜーんぜん評価されなかったよ。虫好きの不思議ちゃんってバカにされて、引かれてたもん。男からは「普通にしてればかわいいのに」なんて歌まで渡されちゃってさ。余計なお世話だっての。

残念だけど仕事の評価って成果ベースだからさ、がんばるだけじゃ評価されないよね。

評価されたいなら、上司に「何を基準に評価するのか」「なぜ評価されていないのか」を聞いて、評価につながるやり方に変えたら？　説明してもらえなかったら、会社側に問題があるからお手上げだね。転職するかあきらめるかのどっちかだ。

でもさ、評価されても楽しくなかったら嫌じゃない？　私は他人に評価される生き方より自分の好きな生き方を貫くほうが楽しい！　だから男にモテなくたって陰口叩かれたっていいの。かわいい虫ちゃんを愛でているほうが、他人にちやほやされるよりよーっぽど幸せだから！　楽しめるやり方で評価されたいなら、そのやり方を評価する会社を探すか、圧倒的に突き抜けて成果を出すかの二択かな。そうすりゃ上司も認めるしかないからね。

なんにせよ忘れてほしくないのは、他人の評価より自分の評価のほうが大事だってこと！　会社の評価制度はいつか変わるかもしれないし、上司によっても評価は変わるじゃん。まわりに左右されないためにも、自分が叶えたい目標に向かって走ったほうがいいよね。そしたら達成できたときに、他人の評価なんて関係なく「やったー！」って思えるじゃん。自分で自分を認めていれば、まわりの声なんて雑音になるからさ。

目標が見つからないなら、自分が仕事で何を大事にしているか、よーく考えてみて。憧れる先輩をイメージするとわかりやすいかもね。どんなふうに仕事してる人が好き？　憧れる働き方を思い描いて、そこを目指せばいいんだよ。

私は「虫好きの姫」で変人の極みだけど、我が道まっしぐらで生きてたら意外と愛されキャラになったよ。大事なことだから2回言うけど、評価を勝ち取るなら適応するか突き抜けるかのどっちか。蝶のように舞うか、蜂のように刺すかってこと！　どっちも最高だなー♡

せっかく自分らしく生きられる時代に生まれたんだから、あなたらしい道を突き進みなよ。ファイト！

適応する蝶と突き抜ける蜂、どっちが好き？

No.23

はまぐり姫

「はまぐりひめ」

国 日本

出典 『はまぐりひめコ』

曽祖母と暮らす貧しい少年が海で釣り上げたはまぐりの中から、はまぐり姫が現れた。「私は観音様の使いだ」と言うはまぐり姫は少年の家に住み着き、機織りを始める。美しい織物が高く売れ、はまぐり姫はそのお金をもとに少年に商売を始めさせる。「親孝行な子どもが商売を始めた」と評判になり、店は大繁盛。やがてはまぐり姫は「これなら安心だ」と別れを告げて空に帰ってしまう。その後、少年たちは幸せに暮らした。

Q23

仕事の悩み

部下や後輩ができたのですが、うまく指導できません……。

はまぐり姫の回答

指導なんてしなくていいですわ。「お願い」で信頼関係を作り、自走する力を育てるのが良い上司ですわよ。

先輩らしくしなきゃと気負っていません？　先輩になりたての中堅レディがいきなり先輩らしく振舞うのはなかなかのハードゲームですから、おすすめしませんわ。まだ自信がない先輩初心者さんにぴったりなのは、**信頼ベースのお願い**です。後輩に「○○しなさい」と命令するのではなく「○○をやってくれる？」「○○を任せたいんだけど、いいかな？」とお願いするのです。

信頼は信頼で返ってくるもの。後輩は「信頼されているんだ」と感じて、あなたのことも信頼するようになりますし、やる気が生まれて意欲的に取り組むようになるんです。あなただって、命令されるよりお願いされるほうが「がんばろう！」と思えますでしょ？だれだって信頼されたいんですのよ。思い切って任せるのが先輩に求められる度量ってものですわ。後輩に任せて、逆に助けてもらいましょう。

注意してほしいのは、あまり下手に出ないこと。先輩・後輩の立場が逆転しちゃいますから、明るくサバサバと「お願い！」くらいのスタンスで接してくださいね。そのへんのバランス感覚は経験を積むうちに掴めるようになりますわ。「嫌われたくない」とか「いい先輩だと思われたい」って邪念を持たないのがコツですわよ。

とはいえ、後輩とも丁寧にコミュニケーションしてくださいね。忙しくてパソコンを見ながら会話……なんて絶対にダメですわ。話しかけられたらちゃんと体ごと向き合って、話をじっくり聞きましょう。そして解決策を頭ごなしに提示せず「あなたはどう思う？」と本人に聞いて考えさせてくださいませ。必要最小限のアドバイスに留め、自走する練習をさせるんですの。後輩は自転車、あなたは補助輪。自走させなければ、後輩はあなたに依存するばかりで成長しませんし、やらされ仕事になってやりがいも失ってしまいます。私が少年に商売を始めさせたように、方向性を指し示すくらいで十分ですわ。

下手に指導するより、素直にお願いして信頼関係を築きましょう。信頼関係は赤い糸よりも強いつながりになりますから、大抵のトラブルは乗り越えられますわ。あなたが後輩を信頼する器を持つことが何よりも大切。まずはかわいい後輩を信じてくださいませ。

頼れる先輩より、頼ってくれる先輩が慕われますわ

No.24

ブドウ姫

［ぶどうひめ］

国 中国

出典 『不思議なぶどう』

左目がブドウのように輝くブドウ姫は12歳で両親を亡くし、意地悪なおばに家を追い出される。1年後、おばは目が見えない娘を出産。「ブドウ姫をいじめたせいだ」と言われ、腹いせに姫の目を潰してしまう。姫はどんな病も治るブドウを探しに行き、目が見えないまま歩き続けてボロボロになったが、倒れる寸前にブドウを食べて目が回復。病人のためにブドウを摘み、途中で出会った大男の求婚も断り、風のように走って村へ帰った。

Q24

仕事の悩み

人を頼るのが苦手です。何でも一人でやろうとしてしまい、キャパオーバーしてしまいます。

ブドウ姫の回答

一度すべて手放して、本当に欲しいものを選び直そう。人に頼ったほうが早く走れるよ。

何でも一人でやろうとする理由は**「みんなに評価されたい」って承認欲求が強い**か、**ほかのメンバーを信じていない**かのどっちかだ。あなたはどっちかな？

承認欲求が強いタイプは、全部自分でやり遂げてみんなに称賛されたいんだ。自信がなかったり、自分が嫌いだったりすることが多い。だれかに否定されたり無視されたりした経験があって「がんばらなきゃ認めてもらえない」って思ってるんだ。今の仕事で認められさえすれば、惨めな感情とは無縁の「理想の自分」になれるって信じてる。

でもね、目的が「人に認められること」になると、本当にやりたいことがわからなくなっちゃうよ。無理して心身を壊してしまったり、本当に必要なものを捨ててしまったりして「こんなになってまで、何のためにがんばっているんだろう？」という虚無感だけが残ってしまうんだ。いわゆる燃え尽き症候群になっちゃうんだよ。

他人を信じないタイプは「頼むくらいなら自分がやったほうが早いし楽」って考えるけど、キャパオーバーしているのに「自分でやったほうが楽」だなんて支離滅裂じゃない？「みんな忙しそうだから」「引き継ぐ余裕がないから」って常套句はただの建前で、本当は**相手を信じてないから頼れない**んだよ。会社で横のつながりを作っていれば、気兼ねなくお願いができるはず。**ふだんからちゃんとコミュニケーションして、他人との信頼関係を作る**ことをサボらないで。

どちらのタイプにしても「全部一人でできる」って思い込みは傲慢だよ。あなた一人じゃ全部はできないんだ。あれもこれもとたくさん抱えて歩いても、手元からボロボロこぼれ落ちてしまう。それじゃあ大切なものが残らないし、あなたも燃え尽きてしまうよ。

あなたにとって本当に大切なことは何だろう？　一人で仕事することじゃないよね。思い切って今抱えている物事をすべて手放してみて。一人でできるって思い込みを捨てたクリアな目で「どれが一番大切か」見定めるんだ。

本当に大切な物事は、あなたの心を満たす甘い果実。それを叶えられるなら、歯を食いしばって一人で抱えこむ必要はないよ。人を信じて、頼って、にっこり笑って。

本当に大切なことを叶えるために、手放し委ねる勇気を持とう

　人を頼るのが苦手です。何でも一人でやろうとしてしまい、キャパオーバーしてしまいます。

No.25

かえるの王さまのお姫さま

【かえるのおうさまのおひめさま】

国 デンマーク

出典 『かえるの王さま』

泉に金のまりを落とした姫は、カエルに「友だちになって寝食ともにしてくれるなら拾ってあげる」と言われて渋々承諾したが、拾ってもらったらさっさと城に帰ってしまった。翌日、カエルが城にやってきて「約束を守れ」と言う。嫌々寝室に行ったものの、嫌悪感でカエルを壁に叩きつけようとした瞬間、カエルが王子に変身。魔法でカエルの姿になっていた王子だったのだ。意外な事実を知った姫は、そのまま王子と婚約した。

Q25

人間関係の悩み

苦手な人とのコミュニケーションに悩んでいます。どう接すればいいでしょうか。

かえるの王さまのお姫さまの回答

避ければ避けるほど苦手意識が強くなるわ。好きなつもりで話しかけて、相手も自分も騙してみて。

苦手な人とは言葉を交わすのも顔を合わせるのも嫌よね。私もカエルなんて超苦手で、見たくもなかった。同じベッドで寝るなんて絶対無理！　でもね、我ながらひどい話だけど……最初から王子様だってわかっていたら、カエルの姿でもまともな対応をしたと思うわ。それだけ人はイメージや先入観に左右されるのよ。

極論、**苦手意識はコミュニケーション不足による先入観**よ。だって昨日嫌だった人が今日も嫌だとは限らないでしょ？　一度嫌になった相手を避け続けているから、苦手意識も引きずるのよ。私もひたすらカエルを無視して、避けて、拒絶してたわ。「げ、カエル！」と思わずもっとたくさん会話していたら、王子様だってわかったかもしれないし、品のあるやさしい人柄に気づいたかもしれない。彼に「気持ち悪いカエル」ってレッテルを貼ってそれ以上知ろうとしなかったから、ずっと苦手だったのよ。

職場の同僚とか、まるっきり無視するわけにもいかない相手もいるわよね。そういうときは苦手だからって避けず、あえて積極的に話しかけて、その人のことを知るきっかけを作ってみて。「おすすめのランチを教えてください！」とか「休日は何して過ごしているんですか？」とか、何でもいいのよ。コミュニケーションを重ねるほど、相手の人間らしい部分がわかって、苦手意識や嫌悪感が和らいでいくわ。要件があって話しかけなきゃいけないときは、必ず1つ質問して雑談してみるとかね。

あなたが積極的にコミュニケーションすることで、お互いに好意を抱きやすくなるわ。偽物の好意でも、相手に渡し続けていれば本物の好意になるし、相手からも好意が返ってくるの。ほら、自分を避けている人のことは好きになれないけど、いつも笑顔で話しかけてくる人はなかなか嫌いになれないでしょ？　いつか嘘が本当になるから、騙されたと思ってやってみて。

嘘の笑顔や好意を振りまくなんて軽薄だって思うかもしれないわね。でも、あなたに「嘘をつかずに嫌い続けてほしい」と願う人なんているかしら。**だれかを愚直に嫌っても、全員が不幸になるだけ**よね。嘘から始まる恋だってあるくらいだし、やさしい嘘はついてもいいの。風吹けば飛ぶような軽薄さも、ときには救いになるものよ。

やさしい嘘の笑顔で、苦手意識を
ふんわり飛ばしてね

No.26　［しらたえひめ］

白妙姫

国　日本

出典　『白妙姫』

白妙姫は父の仇である横瀬能登守長氏を討つため、3年間も身分を隠して好機を伺っていたが、横瀬能登守長氏の息子・主膳に恋してしまう。仇を討つ絶好の機会が訪れたが、主膳が悲しむだろうと思いとどまり、懐刀を落としてさめざめと泣いた。「主膳さま、さようなら」と言い残して堀に身を投げる。白妙姫は大きな白い鯉になり、あやめが咲く月の美しい夜にだけ姿を見せるという。

Q26

人間関係の悩み

いつも相手に合わせてしまい、本音が言えません。「八方美人だね」と言われます……。

白妙姫の回答

「どうやって好かれるか」よりも「何を伝えられるか」を大事にすれば、恐れがなくなります。

本音を言って人を傷つけることが怖いんですね。傷つけたら、自分が嫌われてしまうから。本音を言わずに相手に合わせることは、けして優しさではありません。嫌われたくない、好かれたいという自分のエゴなんです。でも、嫌われないように本音を隠している人は、本当に好かれるんでしょうか？

嫌われないように自分を取り繕っている人はかえって嫌われます。だって、本音を言わない人は信じられないでしょう？　「本音を言えないってことは、自分のことを信じていないいんだろうなあ」と思うじゃないですか。本音で話さない限り「信じてくれない信じられない人」になってしまうんです。これ、全員が損していません？　主膳さまを想って身投げした私が言うのもなんですが、**人のために自分を殺しても、だれも幸せになりません**。

あなたが**本音を言えないのは、他人を信じていないから**。そして**嫌われないことを目指して行動しているから**です。もちろん本音を話せば意見がぶつかることもありますが、違う人間同士がぶつかるのは当然です。そんな当たり前のことで嫌われると思っているなら、あなたが相手を信頼していないんでしょう。

無痛の人間関係は何ももたらしません。意見の違いをすり合わせることでお互いの理解が深まり、「もし意見が違ってもわかり合える」という安心感が生まれ、人を信じられるようになるのです。あなたは自分の意見を伝えてこなかったから「違う意見を言っても大丈夫だ」と思えず、発言を恐れているのですね。意外と大丈夫ですから、ぜひ違う意見を言ってみてください。

「人に好かれたい」というTAKEの精神ではなく「人に何かを伝えたい」というGIVEの精神を持てば、恐れずに本音を話せるようになります。人から何かを得ようとせず与えようとすることで、いちいち顔色を窺わなくなるのです。人に貢献することで自分を認められるようになり、ありのままの自分を受け入れられるようになり、嘘で取り繕わず本音で話せるようになるでしょう。愛想笑いより本音を伝えるまっすぐな瞳のほうが何百倍も美しいのですよ。

もらおうとする人より、与えようとする人のほうが美しいんです

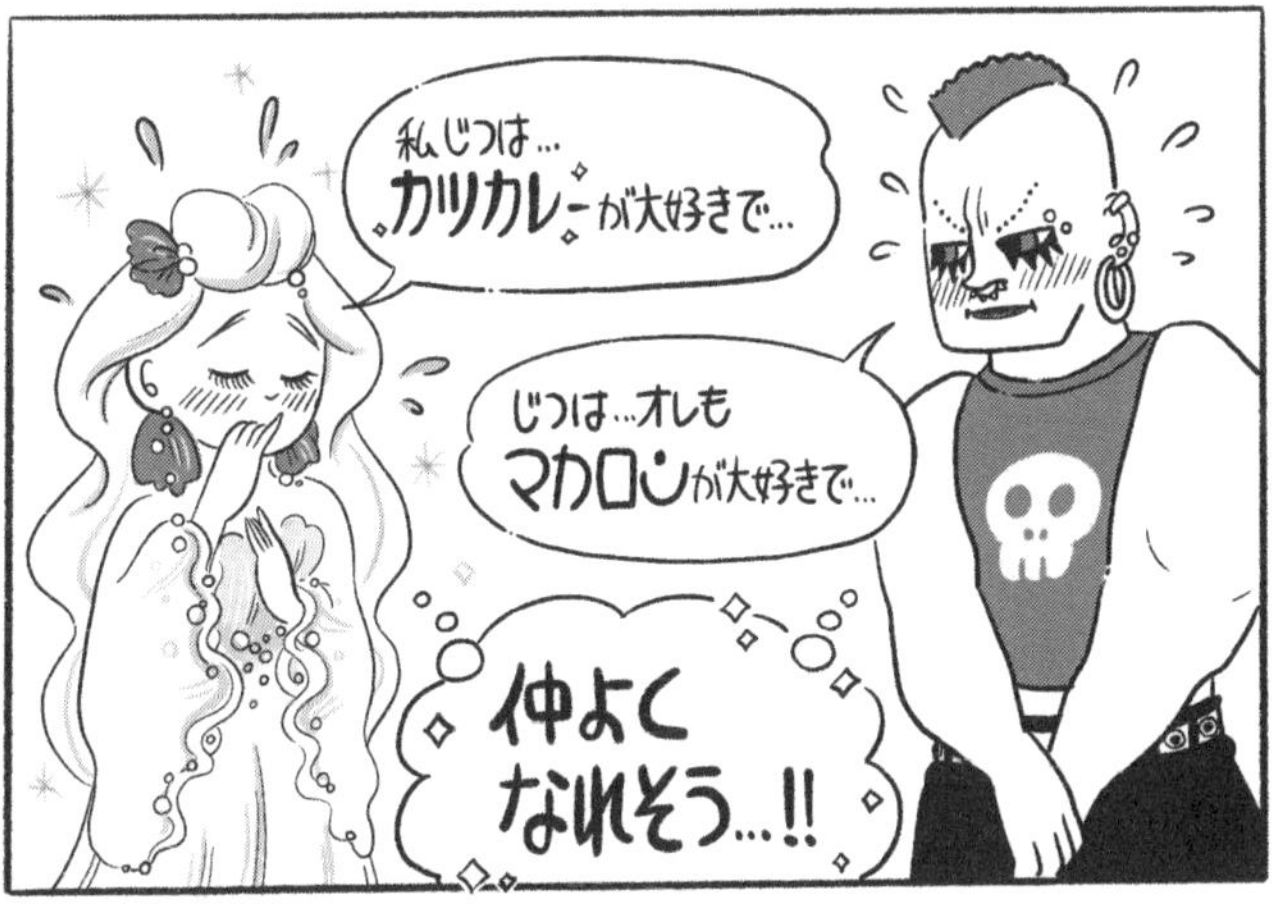

私じつは…
カツカレーが大好きで…
じつは…オレも
マカロンが大好きで…
仲よくなれそう…!!

No.27

滝夜叉姫

［たきやしゃひめ］

国 日本

平将門の娘・五月姫は一族を滅ぼされたが、自身はかろうじて生き残る。強い怨念を抱えていた姫は、丑三つ時に呪詛神として知られる貴船明神に参拝し、妖術を授けられた。滝夜叉姫と名を改め、相馬の城で手下を集めてから朝廷への反乱を起こす。死闘の末、陰陽の術によって成敗されてしまった姫は、改心して平将門のもとへ昇天していった。

Q27

人間関係の悩み

人の好き嫌いが激しく、一部の人としか仲良くできません。直したほうがいいですか？

滝夜叉姫の回答

今の人間関係に満足していればそのままでええが、「好きでも嫌いでもない」グレーゾーンも必要じゃ。

おぬしは白黒はっきりさせたい性格なんじゃろ。「直したほうがいいですか」って聞き方もそうじゃ。おぬしの個性じゃから、悪いとは思わんよ。**好き嫌いがはっきりしているのは自分の軸があるってこと**なんじゃ。おぬしは強固な信念があるんじゃな。好きな人だけに限定した、狭い交友関係に満足しておるならそのままでもええ。許容範囲は狭いが、その分深い付き合いをすればトントン、むしろおつりがくるじゃろ。**人間関係は深さが大**

事で、広けりゃいいってもんじゃないからのう。

ただな、嫌いな人との接し方には気を付けろよ。だれを好くも嫌うもおぬしの自由じゃが、嫌いな人を雑に扱っていいわけではないからのう。態度も白黒はっきりしていると、相手を不用意に傷つけてしまう。否定的な態度をとってしまうなら、嫌いな人とは距離を置き、関わらないほうがええ。私のように相手を憎みつづけていても、けして幸せにはなれん。

そのままでええとは言ったが「嫌いな人を減らしたい」「もっと交友関係を広げたい」と思っているなら話は別じゃ。まずは嫌いな人ともしゃべってみい。会話の主導権を相手に渡して、適度に相槌を打つだけでええ。無理に自分から話さなくても、相手が主体的に話すから苦労せんじゃろ。意外な一面を知って好きになれるかもしれんしな。

もし直感的に「嫌いだ」と思ったとて、その感情を鵜呑みにしなければええ。「今は嫌いだと感じたけど、いいところもあるんだろう」と考えて、気長に相手の長所を探してみい。長所を見つければ、好きにはなれずとも嫌いにもならんじゃろ。

あとは好き嫌いのルールを緩和するとええな。人を呪わば穴二つ、寛大であるに越したことはない。「好き」と「嫌い」の間に「好きでも嫌いでもない」領域を作ってみい。「こういう人は嫌い」と感じても、実害がなければ「まあいいか」と思って「好きでも嫌いでもない」領域に入れるんじゃ。

「こうあるべき」という決まりを作るほど、嫌いな人間が増えていく。「嫌い」より「好き」が多い人生のほうがええじゃろ？　グレーゾーンは将来「嫌い」に転がるかもしれんが、「好き」に転がるかもしれない希望の領域になるからのう。「まあいいか」を合言葉にして、もっとゆるく生きてみい。

好くも嫌うもおぬしの自由だが、「まあいいか」でやさしくなれるぞ。

No.28

ふき姫 ［ふきひめ］

国 日本

出典 『ふき姫物語』

ふきはしっかり者の一人娘。父の病を治すために「どんな病も治す」という泉の水を汲みに行ったが、その泉には「虜になると二度と帰れない」と噂される泉の精がいた。泉の精がふきの前に現れ「ずっとここにいてくれ」と手を差し伸べると、ふきは憑りつかれたように「ずっとここにいる」と答えて水の底に沈み、そのまま帰らなかった。毎年春になると、ふきが残した水がめにふきのとうの花が咲くという。

Q28

人間関係の悩み

昔から仲が良かった友人と馬が合わなくなってしまい、今後の付き合いに悩んでいます。

ふき姫の回答

人間関係にも新陳代謝は必要。今の自分に合う人といっしょにいればいいの。

その人と疎遠になることに抵抗があるのね。親密だった相手と距離を置くのは忍びないし、誘いも断りにくいけど、それとなく距離を置きましょう。「用事がある」と言って断ったり、あっさりした返信をしたりすれば、はっきり言わなくてもだんだん疎遠になるの。

人間関係は日々移ろうもの。学生時代にすごく仲が良かった友人でも卒業してから疎遠になったり、結婚・出産のタイミングでぱったり会わなくなったりするじゃない？　むしろ疎遠になる人のほうが多いのよね。何かを捨てなきゃ新しいものは入ってこないから、人間関係を健やかに保つためにも、新陳代謝は必要よ。

学生時代にお気に入りだった服が今の自分には合わないように、これまでの人間関係が合わなくなるのは自然なこと。服のサイズも色も素材も一切変わっていないのに、今の自分には合わないのよね。なぜかって、あなたが日々変化しているからよ。もしかしたら相手も変わったのかもね。

馬が合わなくなったとき「相手が悪い」「自分が悪い」と思うとしんどくなるから、単に相性の問題だと考えて。どちらかが悪いのではなく、今の自分と今の相手が合わなくなっただけ。今までの関係性が溶けてなくなるわけじゃないのよ。またしばらくしたら相性が良くなるかもしれないし「おしまい」じゃなくて「1回休み」だと思えばいいの。ご縁があればまた交わるから、気にしすぎないことね。

それに、人間関係って量じゃなくて質なの。会う頻度や話す時間より、愛情や信頼、理解が大事。小学生時代からの幼馴染より、1か月前にバーで知り合った飲み仲間のほうがわかり合えることもあるでしょ。ずっと同じ人とだけ会っていたら心が古くなっちゃうから、十人十色の刺激を受けて、自分を日々アップデートして。

私は父の病を治すために泉の水を汲みに行ったのに、泉の精に魅せられて彼とずっといっしょにいる人生を選んだの。それ以来父には会ってない。「親不孝な薄情者だ」って言われるけど、それでもいいの。今の私が望むのは、彼と二人だけの人間関係だから。私の人生だもの、私が過ごしたい人といっしょにいるの。あなたがいっしょにいたい人はだれ？

古いものを捨てれば新しいものが入ってくる。合わなくなった人間関係は脱ぎ捨てて

私たち，昨日はじめて会ったなんてウソみたいじゃない!?
それね！
ねェまたあそぼ!!

No.29

橋姫

［はしひめ］

国 日本

出典 『平家物語』

深い妬みを抱えた橋姫。貴船大明神に「妬ましい女を殺したい」と祈り、宇治川に21日間浸かるように言われる。そのとおりにして生きながら鬼になった姫は、妬んでいた女や周囲の人間を次々に殺していく。男を殺すときは女に、女を殺すときは男に化けて殺した。しかし源頼光の四天王・源綱を連れ去る際に反撃にあい、腕を切られてしまう。そのまま橋姫は愛宕山へと飛んでいき、姿を消した。

Q29

人間関係の悩み

友人や知り合いに嫉妬してしまい、素直に「おめでとう」と言えません。

橋姫の回答

人と比べると不幸になる。自分の幸せ基準を知り、嫉妬を向上心に変えるんだ。

人と比べて「もっと～だったら幸せなのに」って幸せの条件を決めるのは不幸のもとだよ。比べるのは、他人より上か下かで物事を判断しているからだ。上には上がいるから、より多くを手に入れても嫉妬からは解放されないし、幸せにもなれない。手に入れた瞬間だけ幸せを感じても、最高を求めて嫉妬に狂う人生になるだろうね。お金も愛も手に入れたはずのセレブ妻が実は幸せじゃない……なんて話、掃いて捨てるほどあるだろう。あんたが幸か不幸か決めるのは、起きた出来事ではなくあんたの考え方なんだ。

それに、幸せは勝ち負けじゃない。何に幸せを感じるかは人によって違うから、他人に競り勝っても幸せにはなれない。「平凡な暮らしなんて幸せじゃない」って人もいれば「平凡に暮らせるなんて幸せだ」って人もいるだろう。幸せは同じモノサシじゃ測れないんだ。

あんたは自分のモノサシが見えていない。自分が何によって幸せを感じるのかわかっていないから満たされない、幸せ不感症なんだよ。「これがあれば幸せ」って思える幸せの軸が定まっていないと「とにかく人より多くのものを得たい」「社会的に認められるわかりやすい成果が欲しい」と願ってしまうんだ。今まで自分が何に喜んだか、何がうれしかったか思い出して、自分の魂が望むものを見つけなよ。

それでも嫉妬に溺れそうになったら「相手とまるごと入れ替わりたいか」考えるんだ。嫌だろう？　あんたは相手のおいしいところだけ欲しいんだよ。気づいてないだけで、あんたにもおいしいところがたくさんある。持っていないものより持っているものに目を向けて、足るを知ることだ。「お金はないけど仕事は楽しい」とか「恋人はいないけど大切な友達はいる」とか、あんただって意外と恵まれてるものだよ。

それに、嫉妬は向上心の源だ。間違っても、相手を蹴落とすエネルギーにしてはいけない。私は嫉妬に狂って片っ端から妬ましい奴を殺したけど、何も残らなかった。むしろ多くを失い魂を損なった。

全員を蹴落としたって不幸なままで、幸せになれない。**ヘルシーに嫉妬して、自分のエネルギーに変えればいい**んだよ。過去の自分に妬まれるほど幸せになるんだ。

幸せは勝ち負けじゃない。比べない幸せを見つけるんだ。

No.30

楊貴妃［ようきひ］

国 中国

楊貴妃は中国唐代の皇妃で、世界三大美女の一人。幼いころに両親を失い、玄宗皇帝の息子・寿王李瑁の妃となったが、やがて玄宗皇帝に見初められて寵姫になる。見目麗しいだけでなく、音楽や踊りの才能もあり、聡明だった。玄宗皇帝の機嫌を損ねて追い出されたとき、自分の髪を贈るなどして愛情を深め、うまく立ち回った。しかし、楊国忠の謀反により楊一族は恨みを買い、楊貴妃も自殺を命じられる。縄で首を捻られて殺された。

Q30

人間関係の悩み

グループで浮いてしまい、なんとなく避けられています。どうしたらなじめますか？

楊貴妃の回答

空気が読めないのね。欠点をさらけ出して「KYキャラ」から「愛されキャラ」に転身しましょ。

私は「美しさで寵愛を受けた」とよく言われるんだけど、ただかわいいだけの女が皇帝から愛されるわけないじゃない。人心掌握ってのは知性が必要なの。じっくり人間観察して本心を見抜き、皇帝に噛みついたり寄り添ったりしてのし上がったのよ。徹底的に場の空気を読んだの。だからあなたにビシッとアドバイスしてあげるわ。

グループで浮いちゃうのは、ぶっちゃけあなたに原因があるわね。**浮いちゃう人って空**

気を読むのが苦手なの。空気を読むっていうのはね、人の心、気持ちを想像するってこと。相手の気持ちを想像してないからデリカシーがない発言をしたり、間が悪い発言をしたりして水を差しちゃうのよ。そりゃ浮いちゃうし避けられるわよね。

厄介なのは悪気がないことよ。純粋に空気が読めないから、本人は何が悪いのかわからないのよね。周りの人もそれがわかっているから指摘しにくいし、そもそもストレートに指摘してくれる友達も少ないことが多いわ。直すきっかけがないまま、永遠に「KYキャラ」になっちゃうってわけ。そんな悲惨な展開は避けたいわよね。

でも、自覚がないのに自力で直すのは難しいわ。一番いいのは、どこがダメかはっきり指摘してくれる友達を作ることよ。ズバズバ指摘してくれる友達に「私、なんで浮いてるのかな？」って質問して、赤ペン先生みたいにコミュニケーションを添削してもらうの。それで少しずつ改善していけばいいのよ。

本当に変わりたいなら、ダメな自分をさらけ出してみて。「ごめん、今空気読めてなかったよね？　直すから教えて！」ってぶっちゃけると好感度が爆上がりするわよ。人間関係において、短所は長所。一生懸命だけど不器用な子って愛おしいでしょ？　「ごめんなさい、私できないんです！」って素直に自己開示すれば「KYな不思議ちゃん」から「憎めない愛されキャラ」へ華麗に転身できて、あなたに物申す友達もできるわ。

勇気がいるかもしれないけど、自分をさらけ出す人って信頼されるの。人の心が読めないなら、自分の心をさらけ出せばいいのよ。どうせすぐに直すなんて無理なんだから、ちょっとズレてる短所をほっとけない長所に変えて、愛されキャラに路線変更しましょ。

弱みは強みになるわ。欠点を愛されポイントするのよ

「ごめん」って!!
「ごめん」っていうのよ私!!
ごごご…ご…ごっ…!!!!
「ご」…？
ドキ
ドキ
ドキ

No.31

氷姫

［こおりひめ］

国　デンマーク

出典　『雪の女王』

少年カイと少女ゲルダは仲良しだったが、悪魔の鏡がカイの心に刺さり、冷たい性格になってしまう。冬になり、雪のような髪と湖のような服の氷姫が現れ、カイをさらっていった。ゲルダはカイを探す旅に出て、命からがら氷姫の宮殿にたどり着く。カイと再会したゲルダは涙を流し、その涙がカイの心に突き刺さった鏡を溶かした。カイは優しい少年に戻り、ゲルダと故郷に帰る。そして、氷姫はまた独りになった。

Q31

人間関係の悩み

友達が少なくさみしいです。休日に遊んだり悩みを相談したりする相手がいません。

氷姫の回答

傷つくのを恐れて、人と距離を置いてない？　被害妄想をやめて、自分から本音でぶつかってみて。

孤独はさみしいね。氷で包まれたみたいに冷たい心になる。私も友達がほしくて、自分と同じように冷たい男の子をさらったんだけど、あったかい心を取り戻した瞬間に私から離れていっちゃった。冷たい者同士なら仲良くなれるかなって思ったんだけど、冷たい心のままじゃだれともつながれないみたい。

私は「どうせダメだろうな」「どうせ私なんて」って薄くあきらめながら人と話すの。

そうすればわかり合えなくても、理解されなくても傷つかないじゃない？　断られたら傷つくから、自分から積極的に話しかけたり、近づいたりすることもないよ。きっと、こういうのが人を遠ざけるんだね。

ゲルダは、呪いで冷たい心になっていたカイを助けに来たの。がんばって救い出そうとしても、冷たく拒絶されるかもしれないのに。結局カイは優しい男の子に戻って、仲良く帰っていったよ。私の前ではずっと冷たいままだったのにね。カイとゲルダはお互いを信頼して、自分の素直な感情を伝えてるんだよね。まっすぐぶつかった相手に拒絶されると傷つくから、本音を伝えるのって怖いじゃない？　それでもゲルダは正面から向き合ったの。人を信じるのは傷つくリスクを背負うことなんだね。私は傷つくのを怖がって人を避けてきたから、本音でぶつかれる相手がいないの。

心と心がまっすぐぶつかるときの摩擦熱が、心の温度になるんだと思う。相手を信じてぶつかることで、あったかい心の交わりが生まれるの。休日に遊んだり悩みを相談したりする相手がほしかったら、まず自分が本音でぶつかってみたらいいよ。自分の感情やプライベートな話を伝えることが、相手を信頼している証拠になるんだって。私にできなかったことを、あなたにやってほしい。

　きっとあなたも、痛みを避けることに力を注いできたんだね。傷つく痛みや裏切られる苦しみを避けることより、分かち合う楽しさや支える喜びを得ることに力を注いでみて。自分から他人に歩み寄るの。

　話しかける前の不安は被害妄想、ただの幻だから、怖れなくて大丈夫。私も恐れずに本音でまっすぐぶつかって、チリチリ火花を散らせる相手ができたら、心の氷が溶けるかな。

傷つくのを避けているうちは、
だれともつながれないの

No.32 ［よながひめ］

国 日本

出典 『夜長姫と耳男』

夜長姫

長い耳の青年・耳男は「夜長姫の護身仏を彫れ」と命じられる。姫は、耳男の馬顔と耳を馬鹿にして、耳を奴隷に切り取らせた。耳男は姫を憎み、姫の護身仏を馬顔の化け物にしたが、姫は気に入ったと言う。姫は疫病で人が死ぬと喜び、耳男に蛇を吊るさせた。「姫は村人の死を願っている」と気づいた耳男は、姫を抱きしめて刺す。姫は「好きなものは呪うか殺すか争うかしなきゃ。今、私を殺したように」と言い残し、笑って死んだ。

Q32

人間関係の悩み

人に依存しがちで、友人からも恋人からも「重い」と言われます……。

夜長姫の回答

愛されたいのねぇ。自分より相手を愛せれば「愛されなきゃ寂しい病」を克服できるわぁ。

依存する人は他人から必要とされなきゃ生きていけないの。存在意義を他人に委ねて「もっと私を愛して、もっと私を欲しがって」とすがっている状態ね。底なしの承認欲求だもの、そりゃ鉛のように重いよねぇ。

いろんな決断を友人や恋人に委ねて、他人に尽くすことでダメな自分が尊い人間になれる気がしてない？　奉仕して「自分の価値や評価を上げたい」「必要とされたい」って願ってない？「こんなにやったんだから、私のこと好きになってよ」って、愛の見返りを求めてるんでしょ？　相手に好かれたくて、求められたくて尽くしてる。それって結局、自分のことしか愛してないわ。打算が透けて見えるのよぉ。

あなたが欲しい言葉は「好き」と「必要」。だれかに好かれて、必要とされているうちは喜んで生きていけるの。でもだれからも好かれず求められなかったら、生きている意味がわからなくなる。だってあなたはありのままの自分を受け入れていないし、好きじゃないから。今の自分は息を吸って吐いているだけじゃ価値がないって思ってるのねぇ。だれかのお墨付きがなきゃ不安でたまらないの。

あなたは人を愛したいんじゃなくて、愛されたいだけよ。だからずっと他人の目を気にして、言いなりになって、足元に這いつくばって、少しでも愛されようとする。そんなの「重い」って蹴られておしまいよぉ。存在意義を他人に丸投げしている限り、自分に呪いをかけ続けるわ。あなたの価値はあなたの中にあるの。それなのに、なんで自分の価値を他人の中に移植しようとするの？　そんなの拒絶されて当然よぉ。だれだって自分の体に異物を押し込まれたら気持ち悪いでしょ？　あなたが自分を受け入れなくてどうするのぉ？
あなたが存在する理由はあなたが決めるの。自分の脳みそで考えて、自分の体で動いて、自分の心で命を燃やすのよ。**愛をもらおうとひざまずく乞食は卒業して、愛を与える側に回りなさい**。だれかのために見返りを求めず行動できれば、息を吸って吐いているだけで価値ある人間になれるわ。本当に大切なものは代償なしには手に入らないのよぉ。心は何度だって生まれ変わるから、依存しきった心を刺し殺して、生まれ変わりなさい。

盲目的に尽くすのは自己愛。
独りよがりな愛の押し売りよぉ

No.33

金髪姫

［きんぱつひめ］

国 チェコ

出典 『金色の髪のお姫さま』

王様の「生き物の言葉がわかるようになる魚」をつまみ食いした家来は「金髪姫を探せ」と命じられ、多くの生き物の声を手がかりに姫を探し出す。手助けした生き物から命の水と死の水をもらって城に帰ると、つまみ食いの罰で首を切られてしまう。姫は家来に命の水と死の水をかけ、美しく生き返らせた。その美しさをうらやんだ王様は「自分も」と首を切ったが、水はもうない。王様は死に、家来が王様になって姫と結婚した。

Q33

人間関係の悩み

人にあまり興味がなく、「冷たい」と言われます。どうしたら人に興味を持てますか？

金髪姫の回答

あなたが壁を作り、無関心を貫いています。自己防衛をやめて、心をさらけ出してください。

他人に興味が持てない人は、自ら心の壁を作って他人と距離を置いていることが多いです。つまり、**あなた自身が他人に興味を持たないように自分をコントロールしている**ということ。たぶん無意識でしょうけれど。

心理的な壁は2種類あって、1つは**自分の心の中に作る壁**です。本心では「だれかと仲良くなりたい」「自分の話をだれかに聞いてほしい」と思っていても、無意識に蓋をする癖がついているんです。無関心な自分を演じて、心の奥底にある真の感情と向き合うのを避けているんですね。そうすれば他人への「こうしてほしい」という願望を自覚しないですみ、願いが叶わずに寂しい思いをすることはありませんから。

もう1つは、他人との間に作る壁。だれかが自分に近づいてこないように距離をとります。深い仲にならなければ他人との信頼関係が生まれず、もし裏切られても傷つきません。大切な人から拒絶された経験のある人が「もう傷つきたくない」と考えて作りがちな壁です。

どちらも自分を守るため、他人とのコミュニケーションで傷つかないように、苦しい思いをしなくて済むようにと作る孤独の壁です。壁は確かに他人からあなたを守りますが、この壁が厚すぎると他人に興味が持てず、深い愛情や思いやりが生まれません。いつまでも親密な人間関係を避け、苦しみや悲しみだけでなく、喜びや楽しみも深く感じられない人生を送ることになります。生きている実感が薄くなり、心が動きにくくなるんです。

他人に興味を持ちたいなら、あなたの心を開いてください。自分を心の壁で守ろうとせず、ありのままの自分を見せてください。自分の内面を見つめ、本当の気持ちを知り、弱さまでさらけ出してください。そして、そんなあなたをまるごと受け入れる他人がいると信じて、流れに身を任せてください。最初は強い不安や苛立ちを感じるでしょうけど、それでも続けてください。

そうやって**心を揺らめかせた先に、あなたを惹きつける他人が現れます**。きらきら発光して見えるその人に揺さぶられて大きく脈打ったあなたの心には、もう体温が宿っているでしょう。命の水を浴びたように生まれ変わり、輝かしい世界で生きていけます。

無関心という壁で自分を守る、孤独な人生にピリオドを。

No.34 ［くしなだひめ］

クシナダヒメ

国 日本

出典 『古事記』

毎年娘を食らうヤマタノオロチ。クシナダヒメも生贄になる時を迎える。美しいクシナダヒメを愛おしく思ったスサノオは、自分との結婚を条件にヤマタノオロチの退治を約束。クシナダヒメを神通力で小さな櫛に変え、その櫛を頭に差してヤマタノオロチを退治した。約束どおりクシナダヒメと結婚し、須賀の地に宮殿を建てて夫婦で暮らした。

Q34

人間関係の悩み

嫌がらせされています。どうしたらいじめられなくなりますか？

クシナダヒメの回答

耐えても苦痛が続くだけ。はっきり断るか逃げるかで自分を守って。

「いつか改心してくれる」「努力すれば認めてくれる」なんて甘い幻想は捨ててね。あなたをいじめる人は、あなた自身じゃなく、あなたから得られるメリットに興味があるの。つまり、**あなたをヒトではなくモノだと思っていて、楽しむ道具として扱っている**ってこと。だから一方的に利用しても罪悪感は抱かないし、反省なんて一生しないよ。

いじめる人はね、**いじめやすい人を生贄に選ぶ**の。自信がなくて愛されるために従っちゃう人や「従えばいつか報われる」って期待しちゃう人を見極めて、いじめてる。どれだけ「良い人」を全うしても「都合のいい人」にしかならないの。「こいつなら従って当たり前」と思われるだけで、死ぬまで感謝なんてされないよ。

表面上は「信頼しているから」「友達だから」なんて甘い嘘をついて、理不尽を押しつけてくる人もいるよね。でも、本当に信頼している友達にそんなことするかな？　そういう人はお金をせびる結婚詐欺師みたいに、甘い言葉を餌に恐喝しているだけ。騙されちゃダメだよ。

いじめられる人ってさみしい人が多いの。だから愛されたくて、無理に「いい人」を演じちゃう。「これだけ耐えたんだから見返りがあるはず」って期待して、極限まで耐えるんだけど、見返りなんてない。心と体を浪費するだけだよ。そもそも、いじめてくる人に好かれる必要ある？　本当に仲良くしたい？　あなたには選ぶ権利があるんだよ。

スサノオみたいな救世主が現れることはめったになくて、自分が変わらなきゃいじめられやすい人のまま。嫌なことは嫌って断ろう。ちゃんと意見を言える人はいじめられないし、真っ当な人は何回か断られたくらいで嫌わないから断っても大丈夫。自分が本当は悲しんでいること、怒っていることを自覚すると、断る勇気が生まれるよ。それでもダメなら逃げちゃおう。逃げるが勝ちっていうでしょ？

「自分なんて」と思わないで、弱い自分も受け入れてね。弱さはやさしさ、自分を卑下したり軽んじたりする必要ないよ。自分を尊重できれば、自分の価値を軽んじる人には従わなくなる。あなたが従うべきはいじめてくる他人じゃなくて、自分の心なの。

理不尽に耐えて従っていても、
愛は勝ち取れないよ。

あなたのために
私のぶんの仕事、やらせてあげる
ダウト!!
だまされないわヨ!!

No.35 ［まれーんひめ］

マレーン姫

国 ドイツ

出典 『マレーン姫』

マレーン姫の父は、王子とマレーン姫の結婚に反対したが、それでもふたりが親密になったため激怒。真っ暗な塔にマレーン姫を閉じ込めてしまった。7年後に自力で脱出したマレーン姫は王子の城で働くことになったが、王子はすでに別の女性との結婚式を控えていた。容姿に自信がない花嫁はマレーン姫に代役を頼み、挙式後に殺そうと目論んだが、マレーン姫は間一髪で王子に助けられて結婚。花嫁は処刑された。

Q35

人間関係の悩み

よく人から下に見られ、バカにされます。どうしたら見返せますか？

マレーン姫の回答

見返すべきは自分です。自分の弱さを認め、堂々と胸を張れば見下されません。

王子様の元婚約者は自信がない人で、人前で恥をかきたくないとからと私に代役を頼みましたが、それが仇となり殺されてしまいました。自信がないままプライドだけ守ろうとする行為は浅ましく、薄っぺらい見栄は金メッキのようにはがれ落ちます。もちろん、だれからも尊重されません。

対等な人間関係を築ける人は、人の意見を聞きつつ、自分の意見も素直に伝えられる人

です。あなたが下に見られやすいのなら、本音を伝え合う対等なコミュニケーションができておらず、信頼されていないのでしょう。

人と対等に接するには、自分を認める必要があります。あなたは今の自分を認め、信じていますか？　どこかで虚勢を張っていませんか？　あるいは相手に気に入られようと媚びていませんか？　もし今の自分が弱く未熟だとしても、強がらず、そんな自分を受け入れてください。自分を卑下する必要はありません。今の自分を受け入れれば、変に虚勢を張ったり他人に迎合したりせず、自然体で過ごせます。堂々と自然体で過ごしているとき、あなたは目の前の人と対等になるのです。

自分を受け入れていれば、他人から下に見られても蚊に刺されたくらいにしか思いませんし、上に立ちたいとも思いません。他人から称賛されようとバカにされようと、自己評価が変わらないからです。自分を受け入れていない人は、他人に自分の評価を委ねてしまうので、人生の舵取りができず、常に不安が付きまといます。自分を受け入れている人は、自分が自分を評価しているので、いつ何時もゆらがない強さがあり、それが魅力にもなります。

自分を受け入れるコツは、自分の弱さや欠点を否定しないこと。完璧な人間はいませんから、欠点はあって当然、むしろ伸びしろです。不安になったら、**自分の長所や美点をリストにして、良いほうに目を向けましょう。**過去の失敗で自信を失い自己否定に陥っている人は、背伸びしない等身大の目標をクリアすることで自信を取り戻し、自己肯定につなげてください。いずれも気長にじっくり継続するのがポイントです。

何があっても、そのまま胸を張っていれば大丈夫。見返すべきは他人ではなく、あなた自身ですよ。

偽の仮面をつけて強がらず、素顔で笑いましょう。

No.36

なぞなぞ姫

［なぞなぞひめ］

国　アフリカ

出典　『なぞなぞ姫』

「自分よりなぞなぞが強い人でなければ結婚しない」という姫。「勝てば結婚、負ければ打ち首」とおふれを出し、城の周りは死体だらけになった。国一番貧しい男・ボザは姫に挑むため、ライオンを殺して食べ、自分の汗を飲みながら城に向かった。姫のなぞなぞをすべて解き「自分はどんな水を飲んで城に来たか」と出題したが、姫は答えられない。「人間はひもじければ汗だって飲む」と笑い、姫と結婚して裕福に暮らした。

Q36

人間関係の悩み

間違ったことをする人がどうしても許せません。なんとかして正す方法はありませんか？

なぞなぞ姫の回答

善悪なんて主観で、絶対の正義はない。自前の正論をぶつけるのはただの暴力さ。

SNSが普及してから、あなたみたいな正義のミカタが増えたんさ。悪を裁きたくてしょうがないって感じ。まあ確かに正論なんだけどさ、そんなに白黒つけてどうするん？　世界をオセロ盤にでもするつもりかね。

善悪は主観。あなたが「してはいけない」と信じている正しさは、だれかの悪かもしれないんさ。人生は思うより複雑だから、どんなに正しいと思っていたルールでも時と場合によって柔軟に変えないと生きにくくなる。あなたのジャッジに巻き込まれる他人も、あなた自身もね。正義を唱えるほど、自分自身も義務に縛られていくんさね。

私もボザと出会うまでは、何にでも正しい答えを求めてた。でも、国や宗教によっても善悪は違う。家族同士でさえ善悪は違うし、前提条件によっても変わるんさ。円満夫婦の不倫とDVされてる人の不倫じゃ重さがまったく違うっしょ？　絶対の正しさがあるならとっくにネット検索で答えが出るようになってるさ。

正しさが絶対だと思っている人って、隙のない正論をドッジボールみたいにぶつけてくる。もはや暴力さ。「仕事がつらいです」「つらいなら辞めて転職しましょう」って感じで確かに正しいけど、それじゃ解決しないっしょ？　人間は感情の生き物だから、単純な理論じゃ生きていけない。正論で攻撃する人って無自覚に追いつめるから質が悪いんさ。

つまり、**正しさが役に立つとは限らないってこと。この世を生き抜くコツはね、正しいことより役立つこと、幸せになれることを選ぶこと**さ。で、その選択肢はグレーゾーンにあることが多い。白でも黒でもない境目で、きらっと光ってるわけ。グレーゾーンってやさしさで、白黒つけられない物事を最後に受け入れる場所なんさ。

なのに、正義のミカタは「逃げるな」って死神みたいに追い込んでくる。法律にだって情状酌量の余地ってのがあるのにさ、あんたは六法全書より偉いわけ？　法で人は裁けても、心は裁けない。どうしても許せないこともあるし、絶対に許されないこともある。でも「間違っているのが許せない」って考えは危険っしょ。人と交わっても、侵しちゃダメ。**あなたの正義で相手の心を刺す前に、その心を想像してみ？**

そこにはあなたの知らない痛みや思いがあるんだからさ。

暴力的な正義感は人生を息苦しくするんさね

No.37

わがままな姫

［わがままなひめ］

国　ドイツ

出典　『ツグミのひげの王さま』

わがままな姫は美しく、毒舌。顎がとがっている王子を見て「ツグミみたいな顎。ツグミの髭の王様ね」と笑った。無礼な娘に怒った父王は、姫を物乞いに嫁がせる。姫は城の女中として働き、残飯を食べて暮らす。晩餐会にツグミの髭の王がやってきて、姫をダンスに誘ったが、残飯が零れ落ちて笑い者になってしまう。するとツグミの髭の王が「実は物乞いの正体は私なのだ。改めて結婚してくれ」と正体を明かし、改心した姫は結婚した。

Q37

心と体の悩み

「自分はダメだ」と思うことが多く、自己肯定感が低いです。どうしたら自己肯定感が上がりますか？

わがままな姫の回答

まず、自分はダメだって思うのをやめな。やたら高い理想は捨てて「今日も生きてるだけでOK！」って思いなよ。

「自分はダメだ」って自己批判はソッコーでやめたほうがいいぜ。**意識や言葉の力ってすごく強くて、ダメだと思えば失敗が増えてダメになるし、いいと思えば調子が上がってよくなる**んだ。言葉はおまじないにもなれば、呪いにもなるんだよ。私も失言したばっかりに、おひめさまから女中に転落したしね。それだけ言葉には影響力があるってこと。

あんたは日々自分に「ダメだ」って言って呪ってるわけ。同じこと、親友にしようと思う？

何かにつけ「あんたってダメだね」って言ってたら、親友だって調子悪くなるぜ。それを自分にやってるんだよ。自己肯定感が下がって当然だろ？　今はクセになってるだろうから、「自分はダメだ」と思ったらすぐに「……って思うのはもうやめた！」って付け足しな。この言葉が呪いを消すおまじないになるからさ。

ネガティブな言葉遣いから変えたほうがいいぜ。「こんな自分はダメだ」じゃなくて「あんな自分になれたらいいな」って言うんだよ。「疲れた」は「がんばったな」、「無理だ」は「なんとかなる」ってポジティブな言葉にするわけ。目の前の事実に意味付けするのはあんたなんだから、あんたが上手く料理すりゃ官能的に美味い人生になるんだよ。うまくできなかったら、自己肯定感が高い友達の近くに行ってみな。自己肯定感って伝染するからさ、考え方のコツが掴めるよ。

あと、自分のいいとこを見な。「自分はダメだな」って思うのは、失敗ばっか見て、問題なくできたことは無意識に流しちゃってるから。本当はいいとこもたくさんあるのに、シカトしてるんだよ。毎日「今日できたこと」を寝る前に3つ思い出して、日記やメモに残しなよ。「今日も無事に1日過ごせた」とか「ちゃんとゴミ捨てできた」とか「自己肯定感を上げようと思えた」とか、いくらでもあるだろ？
え、そんなのいいとこじゃないって？　おいおい、あんたはスーパーマンか？　自分に期待しすぎだよ。理想が高いのはスバラシイけどさ、現実離れした理想を義務化したって苦しいだけだぜ。そんなエベレストみたいな理想は死ぬまでにたどり着ければ万々歳だよ。大人しく「今日も生きてる、それだけでOK！」って言ってみな。……何黙って読んでんだ、今だよ、今！

人生なんてダメだと思えばダメになるし、いいと思えばよくなるぜ

白雪姫

No.38 ［しらゆきひめ］

国 ドイツ

出典 『白雪姫』

白雪姫の継母である女王は、鏡に「一番美しいのはだれ？」と聞くのが日課。ずっと自分の名前が返ってきたが、ある日「白雪姫」と言われて激昂する。憎しみのあまり姫を何度も殺そうと企て、ついに毒リンゴを食べさせる。毒で倒れて棺に入れられた姫を見た王子は一目惚れし、棺ごと引き取ることに。棺を運ぶ途中で姫が毒リンゴを吐き出し、生き返る。そして王子と結婚し、女王は火あぶり靴を履いて死ぬまで躍らされた。

Q38

心と体の悩み

他人と自分を比べてしまい、SNSを見るたび憂鬱になります。

白雪姫の回答

心の毒になるSNSなんかやめちゃえば？ 他人と比べず、過去の自分と比べなさい！

女王様も、毎日鏡に「一番美しい人はだれ？」と聞いて評判を気にしてた。常にだれかと自分を比べて「一番じゃないとイヤ」って願う毎日なんて、バッカみたい！ 本当は自信がなくて、認められたくてたまらなかったのよ。あの鏡さえなければ幸せだったかもしれないのに、死んでしまったかわいそうな女王様。人と比べる鏡なんて身を滅ぼすだけよ！

私は人と自分を比べないわ。「もっとこうだったらいいのに」と思うこともあるけど、基本的には今の私で大丈夫！　伸びしろがあるんだと信じて、少しずつ成長していけばそれでいいの。苦手なこともあるけど「今の私でいい」と思っているわ。私は私を認めているから、人からの評価なんて気にしないの。

それに、人と比べたら青天井で永遠に満足できないに決まってるじゃない！　だれだって赤ちゃんの頃と比べたらたくさんのことができるようになってるし、信じられないくらい成長しているわ。他人じゃなくて、過去の自分と比べたほうがいいのよ。3年前の自分と今の自分を比べたら、きっと成長を実感できるはずよ。自信がないなら騙されたと思ってやってみて！　少なくとも、この世を健気に生き抜いた日数は増えてるでしょ？

そもそも、人と比べていいことってある？　もし自分が人より優れていたとして、それで優越感に浸っている自分を好きになれる？　自分を好きにならないと、他人にどれだけ褒めちぎられても心が満たされないのよ。

SNSの「いいね」の数を比べて落ち込んじゃうなら、SNSを「いいねをもらうツール」じゃなく「いいねをあげるツール」だと思ったら？　自分を見てもらうツールでなく、他人を見るツールとして活用するの。何かをもらうのは他人次第だけど、何かをあげるのは自分次第だから楽になるでしょ？
それでも人のささやきが気になるなら、SNSなんて心の毒よ。潔くやめちゃえば？アプリを消すだけでも心が軽くなるわよ。SNSの投稿なんて良いところの切り取りで、実際の生活とは違うもの。そんな情報を真に受けてつらくなるくらいなら、SNSと距離を置いたほうが自分のためよ。

自分の魅力くらい、自分で決めなさい！

「他人」という鏡に囚われると不幸になるわ！

No.39 ［このはなさくやひめ］

木花開耶姫

国 日本

出典 『日本書紀』など

木花開耶姫は花も恥じらうほど美しい、日本神話一の美女。天照大御神の天孫であるニニギノミコトが一目惚れして求愛し、結婚した。妻として共に差し出された姉の磐長姫は、醜いという理由で送り返される。木花開耶姫はたった一夜で3人の子を身ごもり、不貞を疑われ「ニニギノミコトの子なら何があっても無事に産めるはず」と火を放った母屋で出産させられる。火の中でも無事出産したことから、子育ての神様としても知られるようになった。桜のように美しい木花開耶姫は強く生き抜き、儚く散っていった。

Q39

心と体の悩み

外見にコンプレックスがあり、鏡を見るたび「もっとかわいかったらなあ」とつらくなります。

木花開耶姫の回答

美は幸せを連れてきません。「昨日よりかわいい」の積み重ねで自分を認め、幸せを咲かせましょう。

姉の磐長姫も「醜い」と言われて外見を気にしていましたが、人の魅力は外見だけで決まりません。岩のように強い生命力は姉だけの魅力です。それに、美しさと幸福度は比例しません。容姿が整っていなくても、にこにこ明るい人やチャーミングな人は幸せに暮らしています。**幸せな人とは自分を受け入れている人のこと。美しい人が幸せになるのではなく、自分を認めている人が幸せを感じる**のです。ありのままの自分を受け入れることで外見コンプレックスを解消できますが、いきなり受け入れるのは難しいでしょうから、次の手順でゆっくり自分磨きをしましょう。

❶外見において大事だと思っている要素を8つ書き出してください。（「髪」「肌」「目」「小顔」「鼻」「スタイル」など）

❷今、それぞれの項目が10点満点中何点か採点し、円グラフにしてください。点数が低いものが外見コンプレックスの大きな原因になっています。

❸点数が低いものの中から改善しやすいものを選び、努力で点数を上げましょう。コツはいきなり10点を目指さないこと。1点でも点数が上がる行動をすれば大丈夫です。（髪に自信がないなら美容院でトリートメントする、スタイルに自信がないならダイエットやトレーニングをするなど）

❹努力で1点でも上げれば「自分の力で前よりかわいくなれた！」と実感でき、少しずつ自信が生まれ、だんだん自分を受け入れられるようになります。

禁句は「私なんて……」です。自分を卑下すると自己肯定感が下がり、やる気を失います。人は期待に応えたくなる生き物なので、自分に期待すればやる気が出ますよ。できれば毎日鏡を見て「私はかわいい！」と声に出してください。恥ずかしかったら「私って悪くないかも？」など控えめな言葉で大丈夫。前向きな言葉を発すれば心も前向きになっていきます。

美醜は人それぞれ、存在しない満点を目指さなくていいのです。**昨日よりちょっとでもかわいくなれたら、1年後は今よりもっとかわいくなれます。**日々の行動で未来のかわいいを作って、自分を受け入れましょう。あなたのかわいさを決めるのは他人ではなく、あなた自身です。

毎日の小さな努力で「今よりかわいい未来」を作れます

No.40

エリーザベト

［えりーざべと］

国 オーストリア＝ハンガリー帝国

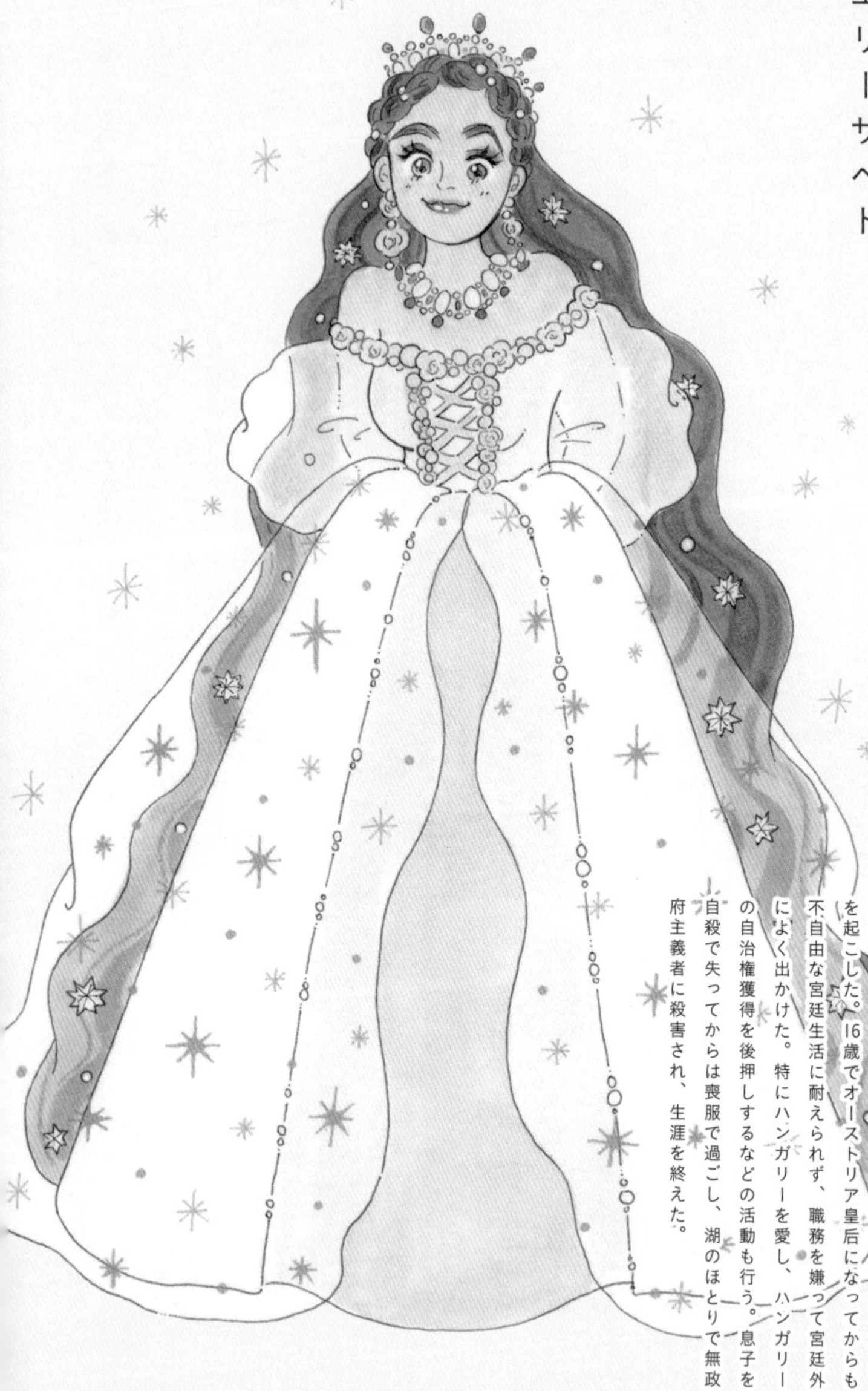

王家の貴族として自由奔放に育ったが、皇帝に求婚されてからは厳格なお妃教育を受け、何度もヒステリーを起こした。16歳でオーストリア皇后になってからも不自由な宮廷生活に耐えられず、職務を嫌って宮廷外によく出かけた。特にハンガリーを愛し、ハンガリーの自治権獲得を後押しするなどの活動も行う。息子を自殺で失ってからは喪服で過ごし、湖のほとりで無政府主義者に殺害され、生涯を終えた。

Q40

心と体の悩み

飽きっぽくて「やろう」と決めたことが続かず、いつも挫折してしまいます。

エリーザベトの回答

やり方がよろしくないわ。目標の立て方と立ち直り方を見直しなさって。

勉強、ダイエット、禁煙・禁酒……続かないものって山ほどございますわ。あなたも今までいろいろなチャレンジをして、失敗なさったのね。その失敗の積み重ねで自信をなくしているんだろうけど、コツさえつかめば大丈夫。あなたが悪いんじゃなくて、やり方が悪いのですわ。やり方を変えればうまくいきましてよ。

まず、目標の立て方。**できるだけ具体的に、小さな目標をたくさん立ててごらんなさ**

い。ダイエットなら「2か月で3キロ落とす」じゃなくて、「1日1300キロカロリー以内にする」「お菓子を食べるのは休日だけ」「外食は週2回まで」「駅では階段を使う」など、小さな目標の先に「2か月で3キロ落とす」っていう最終ゴールを設け、ゴールから逆算して作った階段を一段ずつお上りあそばせ。あなたは自由な現代人なのだから、宮廷生活のように厳しい決めごとじゃなく、等身大の目標を追えばよろしいわ。小さな達成感を感じるポイントがたくさんあるとモチベーションを保てましてよ。

そして、**失敗したときの対策を考えておく**こと。転んだときに立ち上がるための杖を作るのですわ。挫折しやすい人は完璧主義が多く、何かひとつでもつまずくと心が折れてしまいます。でも、仕事でも恋愛でもアクシデントはつきもの。何から何までうまくいくことなんてほとんどございませんわ。ダイエットで「外食は週2回まで」って決めていても、飲み会が集中するシーズンもありますでしょう。「外食が多い週はおやつを食べない」とか、リカバーできる対策を練っておけば立て直せますわ。

継続力の源は「私はできる」という自信。「私はだらしない」「継続力がない」と思っていると挫折しやすくなることはおわかり？　もし失敗しても、あきらめずに続けていればいつか成功しますわ。失敗しないことより、失敗しても立ち直ることが大事。成功する回数が増えれば「私はできる！」って思えるようになりましてよ。

今は自分を信じられなくても大丈夫。たとえ世界中の皆様があなたを信じてなくとも、私はあなたを信じてますし、いつだって期待していましてよ。

ほら、ちょっとだけやる気になったでしょう？あなたも自分を信じてごらんなさい。

急な坂を手ぶらで上るのでなく、小さな階段を杖でお上りなさい

No.41 ［うぐいすひめ］

うぐいす姫

国 日本

出典 『見るなの座敷』

山奥で迷っていた男が家を見つけて立ち寄ると、美しい女性がいた。女性は男を歓迎し、ごちそうを振る舞ったが「13番目の座敷には絶対に入らないでください」と言い残して外出してしまった。男がいろいろな座敷を覗くと、どの座敷も美しい景色が広がっている。13番目の座敷も見たくなってこっそり覗くと、中でうぐいすが鳴いていた。男に気づいたうぐいすが飛び去った瞬間、家も消えてなくなってしまった。

Q41

心と体の悩み

何をしても幸せを感じられず「何か楽しいことないかなあ」と思いながら日々を過ごしていて、なんだか虚しいです。

うぐいす姫の回答

自分のための行動では幸せになれません。だれかのための行動で心を満たしてください。

いろいろな「楽しいこと」を試しても満たされなかったら、物足りなくて虚しいですよね。実は、**人が一番幸福を感じるのは「人の役に立っている」と実感できたときで、自分のためだけに行動しても満たされません。**お金持ちが寄付をするのもそういうことです。幸せを感じたいなら、やりたいことの中から人の役に立てることを探してみてください。

人といっしょに行動したほうが充実感を得られるので、だれかといっしょに取り組むのがおすすめです。私も山で迷った人を助けることで「自分は人の役に立っているんだ」と実感できて幸せだったのですが、正体を見られたらいけないので、ひとりでやっていたんですね。正体を隠さず、だれかといっしょに過ごせたらもっと幸せだったろうと思います。

たとえば写真が好きなら、飲み会で撮った友達のベストショットを送ってあげるとか、ランチついでに上手な撮り方を同僚にレクチャーするとか……そういうちょっとした貢献を趣味にするんです。SNSで趣味友達を探したり、お役立ち情報やノウハウを発信したりするのもいいですね。笑顔で挨拶するのも、ちゃんとお礼を言うのも立派な貢献活動です。どんなに小さなことでも「私、いいことしたな」と自分を認めてあげてください。自分にやさしく、甘くしていいんです。

最初は「人の役に立っている」という手ごたえがないかもしれません。そんなときは信頼できる人に励ましてもらいましょう。単に仲が良い人ではなく、あなたのことを受け入れ寄り添ってくれる人がベストです。もしそういう人がいなければ、理想の人を思い浮かべて「あの人だったらなんて言ってくれるかな？」と想像してみてください。なるべくポジティブな人を想像してくださいね！

貢献のコツは、見返りを求めないこと。見返りを求めた瞬間に貢献ではなくなり、ただの物々交換、取引になります。お返しがなければ不満を感じ、かえって不幸になるでしょう。**貢献の見返りは幸福感だと思ってください**。あなたが幸せになるために、だれかを幸せにしましょう。

だれかに「いいことしたな」と思えたら、幸福度が上がります

No.42

あこや姫

［あこやひめ］

国 日本

出典 『あこや姫』

あこや姫が得意な琴を弾いていると、美しい笛の音を奏でる青年がやってきて、いっしょに演奏を楽しむようになった。ある日、青年は「私は老松なんです。切られてしまうので、もう会えません」と打ち明け、煙のように消えてしまった。あこや姫が老松を探しに行くとすでに切られていた。大の男たちが動かそうとしても動かなかったが、あこや姫がそっと触れたとたんに動き出した。あこや姫は同じ場所に若松を植え、寺を建てて弔った。

Q42

心と体の悩み

ネガティブな性格で、いつも不安です。ひたすら落ち込んだり、パニックになったりしてしまいます。

あこや姫の回答

不安を生むのはネガティブな思い込み。悪いイメージは毒にしかならないから、いいイメージを描いて。

やる前から感じる不安は、自信のなさからくるネガティブな思い込みによって生まれるもの。まだ失敗していない段階から被害妄想で自爆しないように、ネガティブな思い込みとさよならしたほうがいいね。不安のもとになるネガティブな思い込みを捨てるには、思考と現実を切り離すのが大事！「私にはできない」ってあきらめたら、ネガティブな思い込みが現実になっちゃうから**「できない」じゃなくて「今、私は『できない』って思っ**

ているんだ」って考えるの。思っているだけで、本当にできないと決まったわけじゃないでしょう？　「どうしよう！」ってパニックになったら、自分を客観視して、ネガティブな思い込みと現実を切り離してね。

それでも気持ちを切り替えられなかったら、イメージトレーニングしてみて。「ダメだったらどうしよう」って悪いイメージをすると不安になるように「これならうまくいく！」ってポジティブなイメージをすれば安心できるよ。次の9項目をそれぞれ書き出して、表を作ってみて。

❶目標（A社に転職する）❷達成したときのメリット（給与が上がる、家から近い）
❸不安なこと（スキル不足）❹今の気持ち（自分じゃ採用されないんじゃないか）
❺乗り越える方法（スキルアップ後に転職する）
❻その方法を選ぶ理由（実績ができる）
❼サポートしてくれる人・モノ（人材コンサルタント）
❽やる気を出す方法（アドバイスをもらう）
❾最初にやること（人材コンサルタントに相談しに行く）

この順番で書き出していくと、目標達成するまでの流れが具体的にイメージできて「どうすればいいか」がわかるから前向きになれるの。

不安が減って、成功イメージを描きやすくなるよ。

「できないかもしれない」って思い悩むのは、暗いトンネルにずっとこもっているようなもの。

私だって、最初からあきらめて触れることさえしなかったら、老松を動かすことはできなかった。

「これならできる」って信じることが、道を明るく照らす光になるよ。一歩ずつ歩いていってね。

「これならできる」って明るいイメージが不安を消してくれるよ

書きだしてみたら
できそうな気がしてきたわ!!
こうなりたい!
そのためにまずは…
ピンチのときは…

No.43 [とよたまひめ]

豊玉姫

国 日本

出典 『日本書紀』

豊玉姫と結婚した火折尊。豊玉姫の住む海神の宮にやってきたが、3年経ってもホームシックが続き、故郷に帰ることになった。火折尊との子を身ごもっていた姫は「海辺に産屋を作って待っていてください」と伝える。出産を迎えて母屋に赴いた姫は、火折尊に「絶対に見ないでください」と頼んだが、火折尊はこっそり覗いてしまう。出産中の姿を見られて恥ずかしくなった豊玉姫は、赤子を草に包んで置き去りにし、海に帰ってしまった。

Q43

心と体の悩み

何かあるとすぐ落ち込んでしまいます。どうしたらメンタルが強くなりますか？

豊玉姫の回答

弱くてよいのでございます。3週間チャレンジで落ち込んでも立ち上がる力をつけてくださいませ。

自分の弱さを認めるのは、弱さを克服する最初の一歩でございますわ。私は「必死に出産している姿を見られた」という恥ずかしさから逃げたい一心で、子どもを置いて海に帰ってしまいました。今、あなたが自分の弱さを認め、逃げずに強くなろうとしているのはすばらしいことでございます。**弱さを認めた時点で確実に強くなっていますから、まずは安心してください**ませ。

自信はいつ《》いかなるときも勇気を与えてくれ、迷いや困難を乗り越える力になるのでございます。あなたから自信を奪っている原因は、過去のあきらめや挫折。ダイエットしようと決めたのに、途中でお菓子を食べたり運動をサボったりすると「私ってダメだな」と自信をなくしますでしょう？　真面目な人ほど過去の失敗を気にして、新しい課題にぶつかるたびに「大丈夫かな」と不安になってしまうものでございます。

自信は成功体験から生まれますから、自分で決めたことを3週間だけ継続してくださいませ。3週間続けると習慣化しやすく「ちゃんと続けられた」という達成感が生まれるのでございます。平日は一駅分歩いて帰るとか、土日に早起きするとか、机を片付けてから帰るとか、「本当はやりたい」と思っていることなら何でもいいのです。

もし3週間続けられなくても問題ございません。立ち直ることが大切なので、挫折したらまた違う目標を立ててチャレンジなさってくださいませ。失敗してもあきらめずにチャレンジし続けることで、ゆらがない自信が生まれるのですわ。

落ち込むのも悪いことではございません。落ち込むと観察力が鋭くなり、小さなことにも気づくようになります。自己分析するいい機会なので、自分の弱さを分析して対策を練れば、同じようなことで失敗したり落ち込んだりしなくなるでしょう。**「あのとき落ち込んだから成長できたんだ」と失敗を肯定できるようになり、失敗を恐れない強い心が育つ**のでございます。

人は弱いからこそ、強くなろうと向上心を燃やし、前に進めるもの。ネガティブな出来事や感情を否定しないで、自分の糧になさってくださいませ。

弱さを受け入れたとき、人は強くなるのでございます

No.44

ピョンガン姫

［ぴょんがんひめ］

国 韓国

出典 『まぬけなオンダルとピョンガン姫』

青年・オンダルは貧しい身なりで「まぬけなオンダル」とバカにされていた。泣き虫なピョンガン姫は、父王に「泣いてばかりいるとまぬけなオンダルに嫁がせる」と言われる。すると姫は貴族との結婚を断り、自らオンダルを説得して結婚。オンダルを優秀な武士に育て、国王の婿として認めさせた。やがてオンダルは戦死。なぜかオンダルの棺は動かせなかったが、姫が声をかけると動かせるようになり、やさしく弔った。

Q44

心と体の悩み

感情の浮き沈みが激しく、感情的になって涙が止まらなくなることがあります。うまく心がコントロールできません。

ピョンガン姫の回答

つらい感情は人生のスパイスですから、あって当然！　おいしくゴックンしちゃいましょう〜。

どんな超人でも悲しみや苦しみは避けられません……人生に喜怒哀楽はつきものなんですう。つらい感情は納豆のからしみたいなもので、あったほうが味わい深い人生になりますっ。それなのに「つらいことは回避したい」と思っていると、理想とかけ離れた現実が受け入れられなくて、心がパンクしてしまいます〜。**感情が決壊しそうになったら「私は今、つらい事実が受け止めきれなくて感情的になってるな」と自分を客観視してみてくだ**

さいっ。冷静になれますよう。

涙はつらい感情をデトックスする心のシャワーですから、たくさん泣いていいんですよ～。心しなやかに生きるには、どんなにつらい感情でも避けずに受け入れるのが大事なんですぅ。だから「人生にはつらいことがあっていい」「悲しんでもいい」と思って受け入れて、ゴックンしちゃってくださいね。良薬口に苦しですよ～。

ただ、感情がジェットコースターみたいに乱高下すると疲れちゃいますから、いったん感情を整理したいですねえ。ネガティブな感情が止まらないときは、最悪のケースを想像してください～。たとえば鍵を閉め忘れて家に戻ったせいで大事な会議に遅刻したら「遅刻するなんて最悪！」って思うんじゃなく「泥棒に全財産を奪われなくてよかった」と思うんですっ。最悪のケースに比べたらかなりマシですよねえ。ネガティブな感情をゼロにできなくても、抑えきれないほど増幅することはなくなります～。

それでも感情が暴発しちゃったら「どうすればちょっとでも前に進めるか」考えてください。どうすればいいかわからないと混乱しちゃうけど、対処法がわかれば落ち着いて対応できますぅ。親友に愚痴ってストレスを吐き出したり、パートナーに寄り添ってもらったり、自分でじっくり解決策を考えたり……あなたに合ったやり方があるはずです。思いつかなかったらだれかに相談するといいですよ〜。

物事の悪い面ばかり見ていると、ネガティブな感情だけでいっぱいになってしまいます。心が悲しい色で染まりそうになったら、うれしい色も混ぜればいいんです〜。悪いことがあったら「これはダメだったけど、あれはできた」というように、良いことにも目を向けてください〜。うれしい色も悲しい色も混ざった人生は虹色ですよう。

涙は心のシャワー。泣いていいので、悲観するのはやめましょう〜

感情の浮き沈みが激しく、感情的になって涙が止まらなくなることがあります。

No.45 ［おさかべひめ］

長壁姫

国 日本

出典 『甲子夜話』

妖怪・長壁姫は大の人間嫌い。姫路城の天守に隠れ住んでいたが、年1回だけ城主に会って城の運命を告げていた。ある日、比叡山の阿闍梨は姫路城の天守閣に行き、播磨姫路藩の藩主・池田三左衛門輝政の病気平癒を願っていた。すると突然長壁姫が現われて「退散しろ」と一喝する。阿闍梨が従わずに食ってかかった瞬間、姫は6メートルほどの鬼神になり、阿闍梨を蹴り殺して消えてしまった。

Q45

心と体の悩み

喜怒哀楽などの感情が乏しく、自分のことがよくわかりません。

長壁姫の回答

自分で感情に蓋してるだけ。強烈な体験を思い出して、感情のリハビリしな。

あんたは喜怒哀楽がないんじゃなくて、感情を感じないように隠すのが上手いだけじゃん？　人間が嫌いでずっと城に隠れている私と同じだよ。**傷つきたくないから感情に蓋をしてる。他人だけじゃなく自分にも隠せるくらい、ずっと蓋を閉じてたんでしょ。**人は感情の生き物だから、感情が動かないと生きている実感が湧かないし、自分がよくわからなくなるんだって。感情の蓋を開けないとダメじゃない？

感情は体が知っているよ。感情は身体感覚なんだって。ときめいたらキュンとするし、恥ずかしいとカーッと熱くなるじゃん? 不快な感覚は「苦手な感情」になって、無意識に味わうのを避けようとするんだって。ほら、さみしいときに心臓がキューッてしたり、不安で胸がざわざわしたりするのはあんまりいい感覚じゃないじゃん。だからあんたは感情に蓋をするようになったんじゃない?

でも、こういう感覚を味わい尽くさないと感情ってよくわかんないし、本当の気持ちとも向き合えないよ。自分を知りたいなら、もっと喜怒哀楽を味わってを受け入れる耐性を作らなきゃ。赤ちゃんが風邪ひきながら免疫をつけて強くなるのといっしょだよ。

とびきりうれしかった思い出と、とびきり悲しかった思い出をそれぞれイメージしてみ。いつ、どこで、だれと、何をしていたのか、なるべく具体的にね。そのとき、体はどんな感覚だった? 顔は、胸は、おなかは、手足はどんな感覚になった? つらくなっても「これ以上は味わえない」ってくらい味わい尽くして。そうすれば痛みや苦しみに慣れていくから、だんだん感情に蓋をしなくなるっしょ。

今まで閉じていた心を開くのは勇気がいるし、感情で苦しくなることもあるけど、痛みはあんたを変えてくれるよ。人は強い痛みを感じると生き残るために変わろうとするんだって。**その痛みを受け入れたとき、心のなかで感情が脈打って、心臓がドキドキして、生きている実感が湧いてくるから。**

どれだけ感情に蓋しても、心は切り離せないし。感情がわかると自分のことが骨の髄まで理解できるって感じで、チョー気持ちいいよ。気持ちよくなるために、感情をさらけ出してみ。ちょっと痛気持ちいいくらいが一番快感なんだから、逃げんなよ？

体で感情を味わう痛気持ちいい人生って最高にエモくない？

だいッキライ!!
ヅッ
グサッ
イテテ…
そういえば
親友とケンカしたとき
とてもつらかったす…

No.46 ［ことひめ］

琴姫

国 日本

出典 『琴姫伝説』

ある日、戦に敗れた平家の姫が流されてきて、村人たちは必死で介抱する。無事回復して元気になった姫は、介抱してくれたお礼に毎日浜で琴を弾いて暮らすようになったが、また病に侵されてしまう。ふたたび村人たちは姫を介抱したが、病状は良くならず、そのまま死んでしまった。その後、姫が琴を弾いていた浜の砂が琴のように鳴きだし「琴が浜」と呼ばれるようになった。

Q46

心と体の悩み

心身が弱く、仕事や恋愛がうまくいきません。普通の幸せはあきらめるべきでしょうか？

琴姫の回答

最大の不幸はあきらめること。理想の未来に向かって歩くことを、人は幸せと呼ぶのよ。

「普通の幸せ」って何かしら？　私も病弱だから、昔は「健康が一番」って言葉を聞くたびに「私は幸せになれない」って落ち込んでいたわ。でも、**何が大事かは人によって違うもの。**健康でも恋愛や仕事で心身を病んでしまう人はたくさんいるし、命を絶ってしまう人すらいらしてよ。

どんなに健康でも「深刻な病気になっているかも」と思えば不安になるし、どんなに重い病気でも「きっと元気になる」と信じれば心が軽くなるわ。幸せは事実じゃなく思考から生まれるもので、目の前の事実にどんな意味を与えるかが大事なの。だから私はどんなに具合が悪くても「きっと大丈夫」と思うようにしているわ。そう思うと、心がふっと軽くなるからよくってよ。

どうしたらいいのかわからないと不安でしょうから、理想の未来を思い描いて、そのための行動を考えて。不安を軽くするには「理想の自分になるために今やるべきこと」を明確にするのがよろしくってよ。

1年後、5年後、10年後、どんな自分になって、何を実現して、どんな生活を送っていたいかしら？　自分が息を引き取る瞬間、今の自分に「人生に後悔しないためのアドバイス」をするとしたら、何ておっしゃる？　私は10年後まで生きていられそうにないから5年後までイメージしましたけど、変わらずに浜で琴を弾いて、村人のみんなと仲良くしていたいし、息を引き取るときは子どもに見守られたいわ。だから今の自分へのアドバイスは「村人のために琴を弾き続けて、恋もたくさんしてね」かしら。不安はゼロにはならないけど、少しでも希望を持つためにそうしようと思うわ。

どうか幸せをあきらめないで。「やらないで後悔するよりやって後悔したほうがいい」と言うように、**人はやらなかったことを一番後悔するの。**あなたが今「自分の幸せ」をあきらめてしまったら、いろいろな行動もあきらめてしまうわ。後悔だらけの人生になって、それこそ不幸になってしまうの。やりたいことをやって満足できるように、心を整理して負の感情をリセットなさって。**幸せの形は人それぞれ、「普通の幸せ」なんてなくってよ。**不健康だって幸せになれるから、あなたの幸せをお探しになって。

不健康だって、生き方次第で幸せになれるの

おばあちゃんになった私が
今の私にアドバイスするとしたら…
死ぬときに
後悔しないように
今は○○してね。
…かしら…。

No.47

笑わない姫

［わらわないひめ］

国 ロシア

出典 『笑わぬ王女』

笑わない姫がいた。王様は「姫を笑わせた者と結婚をさせる」とおふれを出したが、だれも叶えられない。姫が窓から外を見ていると、ある正直者の男が歩いていた。男は3年間働いて得たたった3枚の銅貨を、施しを求めるねずみ、甲虫、鯰にあげてしまう。そこで男は姫に見られていたことに気づき、驚いて転倒。ねずみたちに介抱される男を見て思わず吹き出した姫は、男と結婚した。

Q47

家族の悩み

親から「結婚したら？」と言われます。結婚して子どもを産まないのは親不孝でしょうか。

笑わない姫の回答

おぬしの人生はだれのものだ？ 幸せに向かって走るのも、その道を決めるのもおぬしなのだよ。

「結婚すれば幸せになれる」なんて安直な思考停止だよ。「名門校に入れば東大に受かる」って言うくらいむちゃくちゃな論理の飛躍じゃないか。結婚してたって不幸な人はたくさんいる。**幸か不幸かは選択で決まるんじゃなく、選択したあとの行動で決まる**のだよ。既婚だろうが独身だろうが、子持ちだろうが子なしだろうが変わらない。すべては行動次第だ。

でも、親が結婚を勧めるのは無理からぬ話。親世代は結婚を最善と考える者が多いのだ。「結婚＝幸せ」な結婚信者からすれば、独り身生活は苦行なのだよ。とりわけ愛しい我が子が結婚という幸せな道を捨てると言ったら、一族総動員で説得しようとするだろう。

親は、子どもに独身街道という未知なる道を歩かせることが不安なのだ。自分が知らない道じゃなく、知っている道を歩いてもらったほうが安心だろう。独身はいばらの道だと思っているのだからなおさらだ。自分のためにも子どものためにも、結婚してほしいと願ってしまうのだよ。それに親は既婚者だから、結婚を否定するのは自分の人生を否定するように感じることもあるだろう。まあ、いろいろな理由があるのだ。

それでもおぬしの人生はおぬしのものだ。おぬしの人生の責任はおぬしにしか負えないのだから、親の願望を叶えてやる必要はない。親の願望に沿って生きるのは、親の人生を生きるようなもの。最終的には「もっとこうすればよかった」と後悔するだろう。血を分けた家族であっても責任は取ってくれない。いつか「やっぱり結婚なんかするんじゃなかった」と言っても、親は「ごめんね」と謝ることしかできない。おぬしも親に流された自分を悔いるだろう。親の意向に従ったとて、結局はだれも幸せにならないのだよ。

父は、私を笑わせた人と私を結婚させるなんて荒唐無稽なおふれを出したが、とにかく私に笑ってほしかったのだろう。結婚しようがしまいが、子どもが幸せに笑っていれば親は本望なのだよ。結婚しなくても幸せになれると証明すればいいじゃないか。迷わず我が道を行き、じゅうぶん幸せな姿を見せつけてやりたまえ。

結婚するためではなく、幸せになるために生まれたのだよ

くすッ

！

　親から「結婚したら？」と言われます。結婚して子どもを産まないのは親不孝でしょうか。

No.48

アーモンド姫

［あーもんどひめ］

国 ペルシャなど

出典 『千夜一夜物語』

アーモンド姫は夢で会った若者に恋していた。アーモンド姫の話を愛の使者である修行僧から聞いたジャスミン王子は「自分のことだ」と思い、アーモンド姫に会いに行く。アーモンド姫も「夢に出てきた若者に似た男性がいるらしい」という噂を聞き、文を交わして恋に落ちた。アーモンド姫はジャスミンを家来として招いて密会を重ねたが、父に知られて妨害される。結局、城を抜け出して駆け落ちした。

Q48

家族の悩み

親に結婚や転職を反対され、説得できずに困っています。

アーモンド姫の回答

説得なんてしなくていいわ！ それはあなたじゃなくて親の問題よ。

親に否定されるのってつらいわよね。私も父にジャスミンとの恋愛を否定されてつらかったわ。親の意見を無視するのは難しいけど、親を説得するのはあなたの義務じゃないの。**あなたの結婚や転職を受け入れられないのは親の問題であって、あなたの問題ではない**もの！ 親がどんなに苦しそうにしてもあなたのせいじゃないし、あなたが向き合う必要はないわ。繰り返しになるけど、これは親が乗り越えるべき課題よ！

いくら親でも結局は他人。他人を変えることはできないわ。きちんと理由を話して、それでも反対されたら説得はあきらめましょ。親に「苦労して育てたのに」「家族なのに」「親不孝ね」と責められるかもしれないけど、負けちゃダメ！　そこで親の意見に従っても「親の言うことは聞いて当然」って思われるだけ。親に従っている限り、あなたはこれからも親の言いなりになる人生を歩むことになるわ！

「心配して言っているのに」と言い聞かせてくる親もいるわ。でも本当にあなたのことを思っているなら、あなたの意志を第一に尊重するんじゃないかしら。結局、自分の不安を解消したいだけよ。自分が納得したいから、あなたをコントロールしたいの。身もふたもないけど、過干渉な親って本当にそうなのよ！　親が自立していないのよねっ。

それでもきっぱり断る勇気が出ないなら、あなたは親に認められたくて「嫌われたくない、見捨てられたくない」って思いが強いのね。その感情はあって当然だけど、大人になっても親から嫌われたくない一心で自分の意志を曲げたら、いつまでも親に依存した子どものまま、一生自立できないわ！　親は満足しても、あなたは満足できないでしょ？
この悩みを解決する唯一の方法は**「親に嫌われてもいい」と思うこと！** 思うまま生きられるようになって、魔法のマントに飛び乗ったみたいに自由になるわ。親に従ったら親からは好かれるかもしれないけど、あなたは自分を嫌いになるわよ。**親に嫌われるのと自分に嫌われるの、どっちがつらいと思う？** **断然自分よっ。**自分とはどうやったって絶縁できないもの。親の顔色を見ていた子ども時代とはさよならして、自由になって！

親に嫌われたっていい。
自分の人生を歩むのよ！

No.49 ［たまよりひめ］

玉依姫

国 日本

出典 『日本書紀』など

初代天皇である神武天皇の母で、豊玉姫の妹。海神族の祖先、龍神でもある。姉の豊玉姫が出産中の姿を夫に見られ、父の宮殿に帰ってしまったので、代わりに姉の子ども・ウガヤフキアエズを育てた。やがて成長したウガヤフキアエズと結婚し、四子を産む。子どもの名前は上からイツセ・イナヒ・ミケヌ・ワカミケヌで、ワカミケヌが神武天皇になった。

Q49

家族の悩み

育児が大変で楽しいと思えず、イライラして強く叱ってしまいます。

玉依姫の回答

完璧な親なんてどこにもおりませんわ。義務感や期待を手放し、できない前提で自分と子どもを育てましょう。

育児は余裕がなくて当然でございますわ。多くの親が**「〜しなきゃ」という強い義務感を背負い、まわりと比べて同調圧力に苦しんでおります**。でも、あなたのイライラは自分にもお子さんにも悪影響でございますわ。お子さんは不安になり、あなたの「〜しなきゃ」思考も無意識に吸収して、同じ葛藤を抱くようになるのでございます。あなたの親御さんも義務感が強かったのかもしれません。「できなくてもしょうがない」と言い聞かせ、ご自身を義務感から解き放ってくださいまし。今日はそのヒントをお伝えします。

うまくできない自分にうんざりして自己嫌悪に陥ったら、他人事だと思ってくださいまし。あなただって、ご友人の大失敗には「大丈夫だよ」と仰いますでしょう。客観視すれば大抵の出来事は挽回できますし、大したことございませんわ。私の姉なんて息子を置き去りにしてしまって、私が代わりに育てたんでございます。とんでもない話ですけど、今ではだれも気にしておりませんわ。意外とそんなものなのです。

ネガティブな言葉にもお気をつけくださいまし。「イライラする」「忙しい」「疲れた」「うるさい」「ダメ」など、ネガティブな言葉は心を削るのでございますわ。面倒でも「やっちゃおう！」、頼まれたら「頼られているんだ」、疲れたら「やりきった」など、ポジティブな言葉で受け入れればイライラが和らぎますわ。

子どもにイライラしたら、あなたが子どもをコントロールしようとしている証。過度な期待を手放し、適度なあきらめを持ってくださいまし。子どもは親の期待に応えるために生きているのではございません。親も子も対等で、親は子どもの自立をサポートするだけ。そう思えば、苛立ちも多少は和らぐのでございます。

どうか**完璧であろうとなさらないでください**まし。育児は完璧にできなくて当たり前でございますわ。自分すらコントロールするのは難しいのに、自分以外を、ましてや子どもを思い通りに育てられるわけございません。１００％うまくいくと思わず、アクシデントや失敗ありきでゆるりと楽しんでくださいまし。

親だって成長中で、まだまだ発展途上なのでございますわ。あせらず気負わず、お子さんと一緒に成長して参りましょう。

親だって発展途上人。子どもと一緒に成長すればいいのです

No.50

アンドロメダー

［あんどろめだー］

国 ギリシャ

出典 『ギリシア神話』

アンドロメダーの母が「私の美貌は神にも勝る」と豪語したため、神々の怒りに触れてしまった。娘のアンドロメダーが怪物の生贄にされ、海岸の岩に縛り付けられると、メドゥーサを退治したペルセウスが通りがかる。討ち取ったメドゥーサの首を怪物に向かって掲げて石化させ、アンドロメダーを救った。アンドロメダーはペルセウスと結婚。天に召してからは輝かしい星座になった。

Q50

家族の悩み

親から「仕送りをしろ」「介護をしろ」などと強要され、ずっと寄生されて苦しいです。

アンドロメダーの回答

親はあなたを愛していません。はっきり断り、それでもダメなら縁を切ってください。

私も母のせいで生贄になりかけ「なんで私が？」と強く思いました。それでも生贄になることを受け入れたのは、**どこかで「いい娘だと認められたい、愛されたい」と願っていたから。**あなたが理不尽を受け入れている理由も同じではないでしょうか。きっとあなたは心のどこかで「奉仕することで親との仲を良好にしたい」と願っています。お金を渡せば、介護をすれば、いつかわかり合えるんじゃないか、改心するんじゃないかと期待しているのです。

でも、あなたが自分を差し出す限り、親は吸血鬼のようにあなたの生き血をすすり続けます。親はあなたのつらさがわからないし、わかろうともしていないから。あなたより自分がかわいいから、自分のためにあなたを犠牲にできるのです。あなたを愛したいのではなく、支配したいのです。自信や誇りがなく、家族を支配することで「自分は立派な人間だ」と思いたいのでしょう。

「親に大切にされていない」と認めるのは「自分は親に愛される価値がない人間だ」と認めるようで苦しいでしょう。でも親があなたを大切にできないのは親が未熟だからで、あなたが未熟だからではありません。あなたには愛される価値があります。「そんな親はこちらから願い下げだ」と思って、きっぱりと要求を拒否してください。それでもダメなら縁を切りましょう。

つらいでしょうが、あなたが自分を守らなければ負のループから抜け出せません。親はあなたに次々と要求することで欲望を満たそうとしています。でもその心は穴の開いたバケツのように底なしで、入れたそばから零れ落ちていき、あなたがどれだけ時間やお金を費やしても満足しません。足りない、足りないとさらに大きな要求をぶつけてくるだけです。今断ち切らなければあなたはずっと消耗し続け、もっとつらくなります。拒否しない限り、死ぬまで寄生されるでしょう。

あなたは今強くなるべきです。孤独を恐れず、家族の輪から外れて生きていくんだと心を決めてください。ろくでもない家族からすばらしいあなたが卒業した、ただそれだけのことです。自分の意志で決別して旅立つあなたは、流れ星のように輝かしく、美しいですよ。

あなたは親の生贄ではない。
断ち切る覚悟を持ちましょう。

No.51

ラプンツェル

［らぷんつぇる］

国　ドイツ

出典　『ラプンツェル』

ある妊婦がやつれてしまい、魔法使いの庭の草が食べたくなる。悩んだ末、娘のラプンツェルと引き換えに草を食べる。ラプンツェルは塔に幽閉され、髪は窓から地面に垂れるほどになった。立ち寄った王子がラプンツェルの髪をつたって中に入り、恋に落ちる。ラプンツェルが妊娠し激怒した魔法使いはラプンツェルを追い出し、王子は身投げして失明。やがて再会し、ラプンツェルの涙が王子の目を治す。家族で国に帰り、幸せに暮らした。

Q51

家族の悩み

親と性格が合わなくて、仲良くできません。ずっと不仲のままなのでしょうか。

ラプンツェルの回答

「親だから」と理想化するのは勝手なエゴ。無理せず期待せず、ほどよい距離感で接しましょう。

本当は親と仲良くしたいのに馬が合わないのね。大前提として言いたいんだけど、無理に仲良くしなくていいのよ。「実家に住んでいたときは親と不仲だったけど、一人暮らししてから仲が良くなった」って人はたくさんいるわよね。**親子でも適度な距離感があるか**ら、無理に近づいて仲良くしようとしても、もっと居心地悪くなるだけかも。近くにいるとモヤモヤしちゃうなら、ほどほどに距離を置いたほうがうまくいくわ。

そもそも親と仲良くするのは義務じゃないの。世の中には絶縁している家族だっているけど、それは罪じゃないわ。家族はあくまで人間関係のひとつで、それ以外の人間関係もたくさんあるから、神聖化しなくていいの。血は命をつなぐけど、心をつなぐとは限らないわ。血に縛られなくていいのよ。

それでも仲良くなりたいなら、親の子ども時代や独身時代の話を聞くと「親も一人の人間なんだ」と実感できて、変に理想化しなくなるわ。親だからって「自分より立派な人間だ」と勝手に理想化すると、現実の親とのギャップで落胆しやすくなるの。そうやって理想化するのは、子どもであるあなたのエゴでしかないわ。親だってただの人。あなたと同じよ。そう思って目の前の親を受け入れられれば、大抵のことは気にならなくなるわ。親といて楽しくなくても「親がいるだけでいい」って思うの。求めすぎないことよ。

それに、仲良くできなくても「親に何らかの貢献ができている」「自分は親に何かを与えられている」と実感できれば、変に後ろめたく思わなくなるわ。たまにお菓子を送ってあげたり、誕生日プレゼントを渡したりして、モノでコミュニケーションしたらどう？モノだって、気持ちを込めれば素敵なギフトになるの。

私も魔法使いに私を差し出した親と仲良くするのは難しいわ。でも**「しょうがない」って受け入れてる**。理想の母親と現実の母親を照らし合わせたらショックだけど「親も人間だし、自分の生死がかかっていて気が気じゃなかったのね」と思ったら許せたの。親だって普通の人だから、欠点もあるわ。理想化せず、まっさらな目で見つめてみて。「意外と人間味があるな」って思えれば上々よ。

親だってただの人だから、期待しすぎないで。言葉以外でつながればいいわ

No.52

機織姫

［はたおりひめ］

国 日本

出典 『鬼怒沼の機織姫』

ある若者が道に迷い、鬼怒沼で眠ってしまった。起きると美しい娘が機を織っている。「鬼怒沼の機織姫が機を織るのを邪魔すると恐ろしい祟りがある」という話を思い出したが、あまりの美しさについ近寄って手で触れてしまい、突き飛ばされる。あわてて村まで逃げたものの、機織姫の糸で引き戻されて殺されかけた。若者は、機織姫を鉼で突き刺して撃退。美しい鉼を持って村に帰った。

Q52

家族の悩み

親にいつも否定されるので、何をするにも自信がなく、親の顔色をうかがってしまいます。

機織姫の回答

親のせいにしたって何も変わらない。親を満足させることより自分を満足させることに必死になりなよ。

親の意見が気になるのは、親に評価されたいからだよ。あんたはまだ子どものままなんだね。**親がいつまでも自分の上にいて、対等な関係だと思えていないから、親からの評価がほしいんだ。**だから親の顔色をうかがって、自分で決められない。でもさ、親から100点もらうために生きてるんだっけ？　違うよね。親の意見を優先する人生は、他人任せの人生。親の言うとおりにすれば否定されずに済むけど、そんな人生は楽しくないだろ？

もちろんすべてを否定してくる親も親だけど、うまくいかないのを親のせいにしてたって何も変わらないし、いつまでも解決できない。あんたはもう何もできない無力な子どもじゃないんだ。自分の人生を選択できる大人なんだよ。親に否定されても怯まないように、自分で決める力を持たないとね。

自分の意志で選択できるようになると、人生をコントロールできるようになって「生きてる！」って実感が生まれるよ。楽しいし、幸せを感じられるんだ。「自分がやりたいからやる」っていうのは最高のモチベーションで、意欲的になるから目標も達成しやすくなるし、成功率だって上がるよ。とにかくいいこと尽くしなんだ。

自分の意志がわからなくなって迷ったら、優先順位を決めて取捨選択しよう。お金が欲しいなら仕事、結婚したいなら恋愛っていうふうに「人生で何を優先したいか」「今、何をしたいか」を考えて実行するんだ。選択の軸は、親の意見じゃなくて自分の気持ち。「私は何がしたいんだろう」ってちゃんと考えないとね。それがわかったら、親から否定されてもやり抜くこと。親にどう思われたって関係ない。自分の人生の責任を持つのは自分なんだから、自分で決めていいんだよ。

あんたの人生は親を納得させて評価されるためにあるんじゃなくて、自分が幸せになるためにあるんだ。幸せになれるんならみんなに否定されたっていいんだ。理想の自分を思い描いてみなよ。理想の自分は、親に否定されたからって自分の意見を覆して、やりたくないことを渋々やったりしないだろ？　自分が愛せる自分になるために、やりたいことをやりなよ。自分で自分を愛せたら、最高の鉾を手に入れたも同然。もうそれだけで無敵なんだからさ。

もう子どもじゃない。親から100点もらうために生きてどうすんの？

親にいつも否定されるので、何をするにも親の顔色をうかがってしまいます。

No.53

エリサ姫

［えりさひめ］

国 デンマーク

出典 『野の白鳥』

王様の新しい妃は、11人の王子を白鳥に、エリサ姫を農家の養女にしてしまった。エリサ姫は15歳で城に戻ったが、美しさに嫉妬した妃に体を汚される。変わり果てた姿を見た王から「娘ではない」と言われ、城から追放された姫は、白鳥になった兄達に再会する。「無言でくさりかたびらを編み、兄達に着せれば呪いが解ける」と知り、ひたすら編み続けた。その様子を怪しまれて魔女として処刑されそうになったが、寸前で編み終わって呪いを解いた。

Q53

家族の悩み

家族のだらしなさにストレスが溜まり、そろそろ限界です……。注意しても改善してくれません。

エリサ姫の回答

怒りで人は動かせないぞ。「どうしてほしいか」という願いを伝えるんだ。

理不尽だと思うだろうが、これを「相手の問題」だと捉えると解決できないぞ。確かに**キミがストレスを感じるきっかけは家族だけど、ストレスを溜めているのはキミ自身**。同じ出来事があっても、怒る人と怒らない人がいるだろ？　怒りを感じているのは自分だから、キミ次第で怒りをコントロールできるんだぞ。怒りが爆発する前に対処すれば、大きなストレスにならないし、ケンカに発展することもなくなる。怒りに対処しないまま、我慢して封じこめようとすると「どうせ何も変わらない」とあきらめるようになって、心も閉じていっちゃうんだ。そしたら破綻まっしぐらだぞ。

自分次第で怒りをうまく手放せるように、ストレスのもとになっている本音を受け止めてから、願望を言葉にして伝えるんだ。ストレスのもとになる怒りを感じたら、怒りの奥にある「こうしてほしい」っていう願望を探ること。願望が叶わない悲しみが怒りになっているから、「何が嫌で、どうしてほしいか」を整理して伝えよう。「あなたが洗い物や寝かしつけをしないと、オーバーワークでしんどくなるから嫌なの。これからもうまくやっていきたいから、どちらかは必ずやってほしい」というように、具体的に伝えるのが大事だぞ。モヤモヤするたびに本音を探って言葉にして、気持ちのすれ違いが生まれないようにしよう。

「なんでやらないの」と責めるのは、ただ怒りをぶつけることになってケンカになりやすいから気を付けろよ。怒りの奥にある願望を伝えるんだぞ。もし相手が逆切れしてきても、絶対に怒り返さないこと。火に油を注ぐだけで逆効果になるからな。「困っているから相談したのに、そんなふうに怒られたらどうしていいかわからない、悲しい」って素直に悲しみ（感情）を伝えるのがいい。

ストレートにキミの感情と願望を伝えてみて、それでもダメだったら友人や親に仲裁してもらって話し合え。今も大切なパートナーなら、伝えることをあきらめるなよ。「どうせ言っても無駄だろう」と思って発する言葉は投げやりで、伝わらない。私がくさりかたびらを編み続けたように、根気強く言葉を編み続ければ、きっと相手の心とつながれるからな。それでもダメだったら飛び立つ準備をすることだ。

ストレスはキミ次第で消化できる。
願望を伝えて様子見しよう

1日中家事ばかりで疲れがとれないから、洗いものだけでも手伝ってほしいの
そうだったのか…気をつけよう。
ゴメンね…

No.54

吉祥姫

［きっしょうひめ］

国　日本

出典　『吉祥姫』

光仁天皇の夢に神様が現れ「この絵と靴を持って国を回れば美しい姫が見つかる」と告げられる。目を覚ますと、美しい女性が描かれた絵と靴があった。それを持って国を回ったが、なかなか見つからない。ある日、泥だらけになって畑仕事を続ける娘に出会い、感心してお金を渡そうとしたところ、絵に描かれた女性そっくりの美女だった。慌てて靴を履かせるとぴったりだったため、吉祥姫と名前を変え、光仁天皇の妃になった。

Q54

家族の悩み

パートナーが仕事を辞めてしまい、再就職もしないいままです。自分が家計を支えていて、離婚するか迷っています……。

吉祥姫の回答

いっしょにいたいか、自由になりたいか、心に問うのです。今、抱いている感情が答えなのですよ。

パートナーが仕事へのやる気を出せたらベストですが、パートナーを変えられるのはパートナーだけ。幸いあなたは経時的に自立しているのですから、**パートナーを支えるか、離婚して別々の道を歩むか、自分で選択できる**のですよ。

今、あなたの心にはどんな感情がありますか？　つらい、悲しい、腹立たしい、虚しい……どの感情が強いかわかったら**その感情がどんな願望から生まれているか考えてほしい**

のです。「尊敬できる人でいてほしかった」「頑張っている彼が好きだった」「安定した生活を送れる家庭を作りたい」「自分のためにお金を使いたい」などいろいろな願望があると思いますが、一番強く願っていることを探ってください。

願望が明確になったら、それをパートナーに伝えるのですよ。パートナーが理解し、行動に移すなら望みアリです。そうでなければお別れしたほうがいいかもしれません……。繰り返しになりますが、パートナーの人生を決めるのはパートナー、あなたの人生を決めるのはあなた。自分の思いを素直に伝えて、それでも足並みが揃わなければ「何を選択すれば後悔しないか」を考えて行動すべきなのですよ。望む人生を歩むために今どうしたらいいか、あせらずじっくり考えてくださいね。

もちろん「好きだからとことんサポートしたい」と思うなら別れる必要はありません。ただ、我慢しすぎないように気を付けてほしいのです。経済的な余裕を追い求めるあまり心の余裕を失ってしまう方もいますし、義務感に縛られて本音を見失ってしまう方もいるのですよ。あなたは心から「パートナーを支えたい」と思えていますか？　「家族だから支えなきゃ」という義務感は捨てて、自分の本音に耳を澄ませてほしいのです。

愛か自由か、究極の選択ですが、どちらもあなたを幸福で包むもの。**パートナーへの愛が揺らがないなら愛に従えばいいですし、新しい道を歩みたいなら自由になればいい**のです。

お金への執着や義務感は脱ぎ捨て、意志の靴を履き、心から望む道へ踏み出してください。自分の本音に応えて歩き出したとき、心に羽が生え、絵に描いたような美しい未来が手に入るのですよ。

すべては「自分がどうしたいか」で決まるのですよ

No.55 ［おとひめ］

乙姫

国 日本

出典 『御伽草子』

浦島太郎が逃がしてやった亀は、数日後に乙姫に化けて浜に流れ着く。「竜宮城に帰してほしい」と懇願された浦島太郎は龍宮城に行き、乙姫と結婚して3年暮らしたが、残してきた両親が心配になる。乙姫から「絶対に開けないで」と玉手箱を渡され、浜に帰ると700年が過ぎていた。絶望した浦島太郎が箱を開けると一気に老人になり、さらに鶴になって蓬莱山へ飛び立った。乙姫も亀になり、浦島太郎を追って消えた。

Q55

家族の悩み

大切な家族を亡くし、大きな喪失感を抱えたまま立ち直れずにいます。

乙姫の回答

目をそらさず事実を受け入れて。逃げずに悲しめば、必ず前を向けるわ。

喪失感を抱いたまま立ち直れないのは、亡くなった事実を受け止められないから。どれだけ願っても、大切な人は帰ってこない。その事実は変えられないわ。人は自分でコントロールできない物事に直面すると、自分の無力さを痛感して気力を失ってしまうの。でもね、**何かを変えようと思ったら、まず事実を受け入れないといけないの**。立ち直る最初の一歩は「大切な人はもういない」って認めること。きっと今は、頭でわかっていても心が拒絶しているのね。受け入れて認めるのが怖いから、目をそらしているの。でも、そうやって逃げている限り立ち直れないわ。つらいけど、時間をかけて目の前の事実と向き合って、悲しみや苦しみを味わい尽くして、健全にあきらめないと前を向けないの。

傷はゆっくりと、でも確実に癒えていくものよ。もちろん、明日すぐに立ち直れるわけじゃない。それでも、今日よりは明日、明日よりは明後日、悲しみが和らいでいくわ。これからの日々で一番悲しいのは今。明日は今日よりも絶対良くなるの。劇的な変化を期待せず、じっくり自分の感情と向き合って、少しずつ受け入れて。苦しいのも、つらいのも、悲しいのも、それだけ良い時間を過ごせたからよ。綺麗事みたいだけど、ホントよ。

浦島太郎が700年後の浜に戻ったとき「自分のことを知っている人がだれもいなくて、まるで死人のような気持ちになった」と言っていたの。体が生きていても、心が殺されてしまうことだってあるのよ。その逆もあるわ。相手がいなくなっても、相手との思い出はなくならない。肉体が滅んでも、あなたの中にその人の存在が息づいていれば、心は亡くならないの。あなたが前を向いて生きている限り、その人は鮮やかに存在し続けるわ。

「自分ではどうにもできない」という思い込みを手放して。そして、**悲しみを乗り越えるために「どんな行動をすれば少しでも前に進めるか」を具体的に考えて**。

苦しさは生きている証。あなたはどんな苦しみからも絶対に立ち直れるわ。前を向いて生きることが最高のはなむけよ。今すぐ笑えとは言わないから、旅立ったご家族に笑顔を見せられるように、前を向いてね。

肉体が死んでも、心は亡くならない。前を向いて生きることが一番のはなむけよ。

No.56 鶴姫［つるひめ］

国 日本

出典 『鶴姫伝説』

瀬戸内海の大三島にある大山祇神社の娘。整った顔立ちだが、男性に劣らない立派な体格で、勇気に満ち溢れていた。小さい頃から武術や兵法を習い、度重なる軍勢に兵を率いて立ち向かって撃退。「明神の化身ではないか」と言われるほどの実力だった。最期は戦死した恋人・越智安成の後を追って自殺する。その勇敢な生きざまにより「瀬戸内のジャンヌ・ダルク」と呼ばれている。

Q56

家族の悩み

将来性や収入を考えると、どうしても家族の夢を応援できません。

鶴姫の回答

家族の人生において、そなたは脇役。無理な干渉は「敵」がすることぞ。

「家族は運命共同体」「家族の夢は自分の夢」。これらは正真正銘の愛に思えるが、実際は言語道断、まやかしの愛だ。身内の夢を援護できるなら問題ないが、自己都合で反旗を翻せば人生の邪魔者になってしまう。**家族という縄で縛った瞬間、そなたは味方ではなく敵になる**のだ。

家族だろうと恋人だろうと親友だろうと、相手の人生は相手のものぞ。人生の決定権は家族自身にあり、そなたが占領できるものではない。そなたはあくまで脇役なのだ。家族が自らそなたのことを考えて夢をあきらめるならいいが、そなたが家族の夢を潰すのは笑止千万、ゆゆしき事態だ。もちろん家族として助言するのは構わない。だが、最終的な決断をするのは本人ぞ。**そなたにできるのは、自分の不安な気持ちや援護できない理由、どうしてほしいかを子細に伝えることのみ**。それでも家族が「この夢を追いかける」と言ったら、それ以上は干渉できぬ。

家族の夢を援護できないのはそなたの問題だ。「なぜそんな計画性がないことをするんだろう！」「私のことはどうでもいいの？」と相手を追い詰め、行動を変えようとするのは唖然失笑だぞ。説得したくなる気持ちはわかるが、それはおぬしの都合。自身の夢を追う家族と一緒にいられないなら離れるしかない。それでも添い遂げたいなら援護したまえ。「離れるわけではないが、応援もできない」と思うなら黙って見守るだけでもよい。心の本陣となるよう、家に帰還したら「おかえり」と言って出迎えてやりたまえ。

たとえ家族でも、お互いに自立しなければならぬ。経済的に、あるいは精神的に依存していたら、**相手のためではなく自分のために干渉してしまう**だろう。自身の不安から相手の心の領土に攻め入るのは、健全な関係とは言えぬ。そなたは「家族をどうしたいか」ではなく「自分はどうありたいか」を軸に旗を振るべきなのだ。自分の決断に満足していれば、どう転んでも一寸の悔いなし。添い遂げるにしろ袂を分かつにしろ、家族のことを受け入れられるだろう。

相手と自分の幸せを分け隔てなく願える者こそ勇猛果敢、百戦錬磨の騎士となる。意志の剣で迷いを一刀両断し、凛とした名脇役になりたまえ。

家族は身内を縛る縄じゃなく、受け入れる箱なのだ

No.57 雪姫・紅葉姫

［ゆきひめ・もみじひめ］

国 日本

出典 『雪姫・紅葉姫』

昔、釜ヶ淵と呼ばれる切り立った崖の上に城があり、美しい姉妹の姫が住んでいた。戦で両親が殺されてしまい、姉妹は抱き合ったまま釜ヶ淵に身を投げて命を落とした。それ以来、釜ヶ淵には鮮やかな緋鯉と真っ白な鯉が潜み、通りがかる船の近くを連れ添って泳ぐようになった。船でどちらかの鯉を引き上げてしまうと、もう片方の鯉が船を転覆させるという。

Q57

家族の悩み

家族に対して素直になれません。つい反抗して攻撃的な態度を取ってしまいます。

雪姫・紅葉姫の回答

攻撃するのは家族を恐れて弱さを隠そうとするから。自分の弱さを愛せたとき、だれも攻撃しない強い人になるよ。

雪姫　あなたが**家族に反抗して攻撃するのは、家族を恐れているからだわ。傷つきたくないから、自ら攻撃することで遠ざけているの。**何が怖いのかしら？　過去に自分を否定されたり、認めてもらえなかったりした経験があったのかもしれないわね。だから同じ思いをしたくなくて、なるべく関わらないように距離を取っているのかも。

紅葉姫　過保護な家族なら、干渉されたくなくて攻撃することもあるぞ。どんどん自分の中に土足で踏み込まれて、家族に自分が飲み込まれて、自分が自分じゃなくなるのが怖いんだ。だから威嚇して家族が自分に近づいてこないようにするのさ。自分と家族の境界線、壁を作っているんだ。

雪姫　攻撃的な態度の根っこにあるのは恐れなの。自分が家族の何を恐れているか、よく考えてみてちょうだい。どんな時にイライラして噛みつくのか、これまでの経験を振り返って考えると共通点があるはずだわ。決まったパターンがあるのよ。

紅葉姫　恐れの正体がわかったら「自分はもう子どもじゃない、立派な大人だ」って言い聞かせることだ。恐れは自分と相手の力の差から生まれるものだけど、君も立派な大人なわけで、力の差なんてほとんどないんだよ。恐れる必要はないってことさ。

雪姫　なんとかして自分の力を誇示することで、家族に「自分を認めてほしい」って思っている可能性もあるわね。でも、自分をよく見せようとする闘いをしていると、いつまでもありのままの自分を認められなくて、虚栄心から逃れられないわ。あなたはあなた。だれしも完璧にはなれないのだから、不完全な自分を受け入れなさい。

紅葉姫　完璧の人間なんて存在しないんだから、目指したってなれるはずもないさ。完

壁をあきらめるっていうのは、今の自分を認めるってことでもあるんだ。良いところも悪いところもひっくるめて、かけがえのないあんたなんだよ。そう思ったら、自分のプライドを守るためにいちいち親に噛みつくなんて不毛なことはしなくなる。

雪姫　**強い人間って、自分の弱いところもさらけ出せるやさしい人間のこと**よ。強い人間になりたいなら、だれよりも自分にやさしくなって、自分の弱さすら愛することね。

不完全な自分を受け入れて、強くやさしい人になって

エピローグ

ぱちり。

まばたきすると、提灯の火が消えて真っ暗になっていました。さっきまで相談していたおひめさまはどこにもいません。おばあさんが擦ったマッチから、橙色の光がやさしく滲みます。

「どうだった？」

「まだスッキリ解消とまではいきませんけど、手掛かりをつかんだ気はします」

「それなら上々さ。人生に悩みはつきもので、けしてなくならない。大事なのは悩みとどう付き合っていくかだ」

おばあさんは目を細めてタバコをくわえ、煙をぶわっと吹き出しました。その煙からまたおひめさまが出てこないかと目を凝らしますが、夜空にゆるりと溶けていくばかりです。

「もう口寄せはおしまい。あとは自分で決めな」

——自分で決める。いろんなおひめさまにそう言われた。

「全部で57人のおひめさまに会いましたけど、みんな同じことを言っているような気がしました」

「ほう」

「今の自分を受け入れて、行動しろって」

「真理だねえ」

おばあさんはくつくつと笑います。

「うじうじ悩んでいる自分、うまくできない自分、みっともない自分……どんなに情けなくても、今の自分から、現実から目をそらさないことだ。そうしないと変われない」

「受け入れないうちは変われないんですね」

「うわべを取り繕って、問題を先送りすることにしかならない。がんばってもうまくいかないのは、現実を受け入れないまま右往左往しているからさ」

——確かになんとかしようともがいてはいたけど、うまくいかない自分をいつも否定していた気がする。こんなんじゃダメだ、もっとうまくやれるはずなのにって。

「ま、受け入れるのは簡単じゃないからね。自分のダメなところや嫌な出来事をそっくりそのまま認めるのは勇気がいるのさ。でも、希望は絶望から始まる」

おばあさんはタバコをもみ消すと、手早く店じまいを始めました。ふっと提灯の火を吹き消し、路地裏がひっそりとした夜闇に染まります。

「人生から悩みはなくならない。悲しみも苦しみも必ずついて回る。大切なのはそれを避けることじゃない、うまく付き合っていくことだ。人生の大きなうねりは躍動感そのもの。生きている実感を作る糧として受け入れて、じっくり消化すればいいのさ」

「悩みとうまく付き合えるか、まだ、自信がないです」

「そりゃそうだろう。まあ、迷ったときや絶望したときは、自分をよく見つめればいい。自分が今何を思っているのか、心に問いかける。そこにしか答えはないからね」

――今、私が思っていること。私の心。私の感情。

目を閉じて、耳を澄ます。心臓が静かに鳴っている。

「どんなにお先真っ暗に見えても、未来を照らす火はいつも胸に灯ってる。あたしみたいな老いぼれも、あんたみたいなちんちくりんも、みんなそう。自分こそが壁を乗り越える主役、おひめさまなのさ」

「……本当に？」

「しつこいねえ。ばあさんに〝おひめさま〟なんて言わせといて、聞き返すんじゃないよ」

おばあさんは目をすがめ、本と小さな巾着を突き出しました。乱暴に顎でしゃくられ、あなたはあわてて受け取ります。

「餞別だよ。おひめさまに会いたくなったら、ページを繰ればいい」

「え、これ、口寄せに使わないんですか？」

「なくたってできる。本は口寄せを本格的に見せるための商売道具さ」

開いた口が塞がらずに立ちつくしているあなたを尻目に、おばあさんはさっさと歩き去ってしまいました。あっという間にただの路地裏になり、さっきまでのことが夢のように感じられます。

小さな巾着を開けると、中には王冠の指輪。夜空にかざしたら、満月にぴたりと重なり、光の輪が満ちていきました。

――大丈夫、どんなに絶望しても、私たちは生きていける。

参考文献
・『改訂版アサーション・トレーニング１さわやかな〈自己表現〉のために』平木典子（日本・精神技術研究所）
・『幸せのメカニズム　実践・幸福学入門』前野隆司（講談社）
・『幸福の「資本」論――あなたの未来を決める「３つの資本」と「８つの人生パターン」』橘玲（ダイヤモンド社）
・『恋愛依存症』伊東明（実業之日本社）
・『「なるほど！」とわかる マンガはじめての恋愛心理学』ゆうきゆう（西東社）
・『人には聞けない恋愛心理学入門』渋谷昌三（かんき出版）
・『面白いほどよくわかる！「男」がわかる心理学』齊藤勇（西東社）
・『何があっても「大丈夫。」と思えるようになる自己肯定感の教科書』中島輝（ SB クリエイティブ株式会社）
・『心がつながるのが怖い　愛と自己防衛』イルセ・サン（株式会社ディスカヴァー・トゥエンティワン）
・『スタンフォードの自分を変える教室』ケリー・マクゴニガル（大和書房）
・『幸せになる勇気 自己啓発の源流「アドラー」の教え』岸見一郎・古賀史健（ダイヤモンド社）
・『嫌われる勇気 自己啓発の源流「アドラー」の教えⅡ』岸見一郎・古賀史健（ダイヤモンド社）
・『心の整理学 自分の「心理的な現実」に気づくために』加藤諦三（株式会社ＰＨＰ研究所）
・『いじめに負けない心理学（愛蔵版）』加藤諦三（株式会社ＰＨＰ研究所）
・『悩みにふりまわされてしんどいあなたへ：幸せになるためのいちばんやさしいメンタルトレーニング』志村祥瑚・石井遼介（セブン & アイ出版）
・『感情の整理術 不安のスパイラルから脱して「きもち」がらくになる』宝彩有菜（池田書店）

57人のおひめさま
一問一答カウンセリング
迷えるアナタのお悩み相談室

2021 年 7 月 22 日　初版第 1 刷発行

文　秋カヲリ
絵　momomosparkle

発行者　中村徹
発行所　株式会社 遊泳舎
TEL / FAX　0422-77-3364
E-mail　info@yueisha.net
URL　http://yueisha.net

印刷・製本　シナノ印刷株式会社

© Kawori Aki / momomosparkle / Yueisha 2021
Printed in Japan　ISBN 978-4-909842-08-4 C0030

定価はカバーに表示してあります。
本書の写真・イラストおよび記事の無断転写・複写をお断りいたします。
万一、乱丁・落丁がありました場合はお取替えいたします。